LE MENU

Guide de rédaction orthographique et gastronomique

Anita Muller Hehn
professeur à l'Institut de tourisme
et d'hôtellerie du Québec

Chenelière/McGraw-Hill
MONTRÉAL • TORONTO

Le menu
Guide de rédaction orthographique et gastronomique

Anita Muller Hehn
Institut de tourisme et d'hôtellerie du Québec

© 2000 Les Éditions de la Chenelière inc.

Éditrice: Linda Thibeault
Coordination: Suzanne Champagne
Correction d'épreuves: Chantal Sauvageau
Conception graphique, infographie et couverture:
    Christian Campana

Données de catalogage avant publication (Canada)

Muller Hehn, Anita

    Le menu: guide de rédaction orthographique et gastronomique

    Comprend des réf. bibliogr.

    ISBN 2-89461-425-X

    1. Menus — Rédaction. 2. Cuisine — Terminologie.
I. Titre.

TX911.3.M45M84 2000   808'.066642   C00-940777-4

Chenelière/McGraw-Hill
7001, boul. Saint-Laurent
Montréal (Québec)
Canada H2S 3E3
Téléphone: (514) 273-1066
Télécopieur: (514) 276-0324
chene@dlcmcgrawhill.ca

ISBN 2-89461-425-X

Dépôt légal: 2e trimestre 2000
Bibliothèque nationale du Québec
Bibliothèque nationale du Canada

Imprimé au Canada

1 2 3 4 5   A   04 03 02 01 00

Nous reconnaissons l'aide financière du Canada par l'entremise du Programme d'Aide au Développement de l'Industrie de l'Édition pour nos activités d'édition.

Dans ce livre, le masculin a été utilisé dans le but d'alléger le texte. La lectrice et le lecteur verront à interpréter selon le contexte.

À mes élèves

Rédiger un manuel comme *Le Menu* demandait à la fois une passion pour la langue et pour la gastronomie, de la rigueur intellectuelle et un intérêt très vif pour l'imaginaire gustatif et les mille et une façons inventées par les cuisiniers pour l'aiguiser. Si l'on ajoute à cela une ferveur pédagogique toujours renouvelée, on aura compris que la publication de ce manuel est une occasion de fierté pour tout l'ITHQ.

Christine Martel
Directrice générale

Ci-contre, L'Automne,
Nicolas Lancret.

PRÉFACE

Les cuisiniers ont leur bible, le Gringoire et Saulnier. Tout ce qu'il faut savoir quand on décide de préparer un plat doté d'une dénomination y est consigné. Mais, comment baptiser un plat qui naît ? Les cuisiniers ont un nouveau guide, le Hehn-ITHQ !

Ce manuel d'enseignement rédigé par Mme Anita Hehn, l'un de ses professeurs chevronnés, situe l'Institut de tourisme et d'hôtellerie du Québec dans une perspective de perfectionnement continu et confirme l'attention portée par cette maison à la qualité de la langue et de la formation professionnelle. Les changements rapides dans l'évolution de la cuisine rendaient cette réflexion gastronomique nécessaire. La gastronomie, à l'origine, c'était la science… qui nommait.

Le Menu est un outil pédagogique. Un outil de précision qui arrive au bon moment pour essayer de corriger les égarements dans lesquels la cuisine semble s'engager.

Qu'il présente une carte ou une table d'hôte, sur papier ou sur tableau noir, le menu doit avoir une puissance d'évocation irrésistible. Les mots employés doivent parler à l'imagination… suggérer une histoire.

«Il était une fois…» : c'est ainsi que débute ce traité qui ne montrera à écrire correctement que lorsqu'il aura donné envie de passer à cette étape d'illustration, en racontant, justement, pourquoi et comment on rédige des menus.

Pour les historiens de métier ou de passion, lire des menus c'est voir défiler les siècles. Le nôtre, où la cuisine-fusion efface la terminologie classique, plongera dans la confusion les curieux du futur, si nous n'y prenons pas garde.

Tout ce qu'il faut savoir, tous les pièges à éviter, toutes les dénominations justes à employer, rien n'échappe à ce manuel pratique que l'on peut lire avec autant de curiosité que d'intérêt et de plaisir. C'est un outil d'enseignement que les professeurs et les élèves utiliseront, que tous les restaurateurs devraient posséder et que les clients de restaurants pourraient consulter : mieux informés, ils pourraient être de bons censeurs.

Bon appétit.

Françoise Kayler

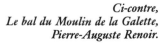

Ci-contre,
Le bal du Moulin de la Galette,
Pierre-Auguste Renoir.

AVANT-PROPOS

De nos jours, le menu est, au restaurant, d'un usage si courant et fait si bien partie des habitudes conviviales qu'on ne lui accorde le plus souvent qu'une attention gourmande, stimulé en cela par toutes les dénominations familières ou inconnues, traditionnelles ou exotiques, des plats qui y figurent.

Car le rôle du menu ne se limite pas à la simple énumération des plats et de leurs prix, même si cette fonction est primordiale, qui met en rapport le produit et le client et permet au cuisinier de proposer à celui-ci une variété de plats, *in absentia*, par la seule magie évocatrice des mots.

Ce rôle de communication où information et imagination se conjuguent, les premiers restaurants le confièrent au menu. Ne pouvant en effet plus étaler sur la table commune tous les plats proposés par la maison, comme le faisaient encore les aubergistes du temps, les restaurateurs[1] du XVIIIe siècle établirent la pratique du menu écrit qui informait les clients des plats offerts et de leurs prix. Mais en même temps, ils chargèrent ce texte d'information d'une fonction autrement plus complexe : celle d'éveiller et d'aiguiser, grâce à la puissance des mots, des sensations et des désirs naguère provoqués par la vue et l'odorat.

Chargé de références multiples, le menu écrit devint ainsi, au fil des siècles, cet extraordinaire véhicule culturel où se répondent et s'entrecroisent les habitudes alimentaires, les goûts et les fantasmes, les modes et les coutumes, la géographie et l'histoire, grande et petite, de toute une société.

À ce titre, il est le miroir dans lequel se reflète une civilisation dans ses rapports avec la nourriture, tour à tour solennel s'agissant de cuisine classique, ou savamment explicite quand il annonce la nouvelle cuisine et son retour aux saveurs originelles.

Examiné sous cet angle, le menu n'est plus uniquement un texte professionnel, avec ses règles et ses codes, mais se révèle un instrument de culture passionnant et une source d'informations précieuse pour qui s'intéresse à la cuisine, à la restauration et à l'art de la mise en situation gustative.

De cet art, subtil et finement maîtrisé par les meilleurs, le menu écrit est l'expression concrète. Aussi tout professionnel de la restauration sait-il qu'il faut en soigner autant la forme que le fond, autant la rédaction et la présentation que la composition, si l'on veut que le menu atteigne pleinement son but.

C'est à l'aspect formel et aux règles de rédaction du menu que s'attache le présent manuel ; car outre sa composition, très importante mais non traitée dans le présent document, c'est à la façon dont est rédigé le menu que l'on juge, au premier contact, de la qualité d'un établissement.

---

[1]. Cette appellation proviendrait, selon toute vraisemblance, de «restaurant» utilisé encore au XVIIe siècle pour désigner un bouillon, dont l'un, d'après Pierre Andrieu, le «restaurant divin», se composait d'un mélange de chair de volaille et de viande de boucherie hachée très menue, que l'on distillait dans un alambic avec de l'orge mondée, des roses sèches et du raisin de Damas.

En 1978, l'Institut de tourisme et d'hôtellerie du Québec mettait au point la première version de sa règle de rédaction des menus, appliquée à partir de cette date à tous les menus produits à l'Institut. Concurremment, la règle était mise à l'épreuve et son efficacité testée sur les menus locaux publiés par les magazines spécialisés. Depuis plus de 20 ans, la règle est maintenant enseignée non seulement dans les cours de français et les cours de technologie de l'Institut, mais également dans les programmes de gestion, y compris à l'ordre universitaire.

La présente publication se place plus particulièrement dans une optique d'enseignement. Nous pensons toutefois qu'elle pourrait aussi constituer un outil intéressant pour toutes les personnes concernées par la rédaction des menus.

Nous avons, en rédigeant cette règle, cherché à éviter ce qu'il est convenu d'appeler les « formes » ou les « tournures d'usage » (dont l'usage, comme on le sait, varie d'un auteur, d'un établissement ou d'un endroit à un autre), pour retrouver un fonctionnement se basant essentiellement sur des règles très simples de la grammaire, de l'orthographe et de la syntaxe françaises.

Pour illustrer notre propos, nous avons utilisé des menus provenant en majeure partie de restaurants et de chefs reconnus. Nous avons également annexé à la présente publication, et avec sa bienveillante permission, une partie de l'excellent lexique établi par David Atkinson pour son *Menu French*.

Pour compléter la règle, nous lui avons adjoint un chapitre consacré à la création de dénominations de plats, et cela à partir de la forme dédicatoire et de la forme utilisant la locution prépositionnelle « à la », conjuguée au répertoire des gentilés. Ces deux mécanismes de création de dénominations sont illustrés par des exemples référant au contexte québécois.

Nous avons aussi tenté de brosser un bref tableau historique des menus écrits, pour lequel nous avons consulté un certain nombre d'auteurs. À en juger par notre propre plaisir à les lire et par la quantité fabuleuse d'informations culturelles et professionnelles, amusantes ou instructives, que nous avons recueillies à cette occasion, nous ne pouvons qu'encourager vivement le lecteur à en faire autant. Le plaisir et la découverte sont garantis à chaque page !

Il ne nous reste plus qu'à espérer beaucoup de réactions et de commentaires à la suite de cette première publication de la règle de rédaction des menus de l'Institut, et à exprimer notre très vive gratitude à M. David Atkinson, aux élèves de l'Institut, ainsi qu'à nos collègues, pour l'intérêt et le support constants qu'ils nous ont témoignés au cours de ce travail.

Anita Muller Hehn

TABLE DES MATIÈRES

CHAPITRE PREMIER
PETITE HISTOIRE DU MENU

IL ÉTAIT UNE FOIS...

Chercher à retracer l'origine du menu, c'est tirer sur un fil et dévider la bobine de nos habitudes et de nos goûts alimentaires à travers les siècles, jusque dans la nuit des temps. En effet, il n'est pas interdit de penser que les premiers «menus» apparurent au moment de la découverte du feu et des nouveaux rapports que cette découverte déterminante entraîna pour les hommes de cette époque. En regroupant les individus autour du foyer à des moments précis de la journée et en introduisant une redistribution des tâches entre ceux qui partaient à la recherche de la nourriture et ceux qui entretenaient le feu, cette découverte a en même temps provoqué de nouveaux comportements conviviaux. On peut en effet penser que ceux qui cuisaient décidaient aussi de ce qui serait cuit : Cuissot de mammouth ou cœlacanthe à la braise ? Hure de sanglier ou steak de bison ?

Il se passera évidemment beaucoup de temps avant que les menus ne soient écrits et affichés. Mais déjà, grâce aux descriptions de plats parvenues jusqu'à nous, on peut se faire aujourd'hui encore une idée des goûts alimentaires de l'Égypte des Pharaons, du raffinement des Grecs au siècle de Périclès (ve s. avant J.-C.), de la gastronomie et des plaisirs de table très particuliers de la Rome Antique[1] et surtout du Bas-Empire romain.

LES GALIMAFRÉES DU MOYEN-ÂGE

Mais il faudra traverser tout le haut Moyen-Âge, ses populations affamées par les guerres et les mauvaises récoltes jusqu'à en devenir par moments anthropophages, pour retrouver au XIIIe siècle des festins où se côtoient porcs, oies, canards, chapons, cigognes, paons, cygnes, écrevisses, langoustes, coquillages et baleines, et où « galimafrent » le seigneur et sa cour. Le tout dans une joyeuse apothéose d'épices de toutes sortes dont les croisades ont répandu l'utilisation et la mode toute-puissante : poivre, safran, cannelle, gingembre, girofle, cumin, muscade… L'ail est roi, qui réussit à épouvanter, par son odeur, les infidèles eux-mêmes, incommodés, à Constantinople, par l'haleine des Croisés[2]. À ces saveurs fortes s'ajoutent celles, plus discrètes, du serpolet, du persil, de la menthe, de la sauge, de la marjolaine, de la ciboule, du romarin, du thym, du laurier et de l'anis. Quant au sucre, il est de toutes les ripailles depuis que les Croisés l'ont rapporté d'Orient. Mais par-dessus tout règne « la féroce moutarde », déjà connue dans l'Antiquité et qui « réapparaît sous Louis IX (Saint Louis), à Dijon, sous le nom de moût ardent[3] ».

Quant au menu, il s'organise à cette époque, et cela, jusqu'au XVIe siècle, en plusieurs *mets* ou services où, au lieu de présenter séparément, comme aujourd'hui, chacun des mets qui forment un service, on en rassemblait plusieurs dans un seul plat qui prenait alors le nom de *mets*. Ainsi, selon B. Guégan[4],

> *tous les rôtis superposés constituaient un seul « mets », dont les sauces, fort variées, étaient offertes à part. On n'hésitait pas à entasser dans un vaisseau unique toutes les viandes, les poissons et les légumes qui composaient le repas, et cet affreux salmigondis prenait aussi le nom de « mets ».*

C'est ainsi que dans le *Ménagier de Paris* (1394), rédigé par un bourgeois de Paris à l'intention de sa jeune épouse, on trouve le

[1]. Voir « Le Festin de Trimalcion » et « Qui était Lucullus ? », in *Historia*, Hors série n° 42, *La savoureuse histoire de la France gourmande*, p. 28 et 30.

[2]. Georges et Germaine Blond, *Festins de tous les temps, Histoire pittoresque de notre alimentation*, 1976, p. 143.

[3]. May Veber, « Taillevent, le poivre et la baleine » in *Historia*, Hors série n° 42, *La Savoureuse histoire de la France gourmande*, p. 42.

[4]. Bertrand Guégan, *Le cuisinier Français*, Paris, Ed. Belfond, 1980, p. XV.

Chapitre premier

menu d'un dîner à quatre services[5], car s'il se contente les jours ordinaires d'un bon «potage» (plat en pot comportant de la viande) et d'un rôti, il tient à honorer ses invités tel un seigneur :

Premier mets

Pâtés de bœuf et rissoles ; porée noire ; un gravé de lamproies ; un brouet d'Allemagne de chair ; un brouet georgié de chair ; une sauce blanche de poisson ; une arboulastre.

Second mets

Rôt de chair ; poisson de mer ; poisson doux [d'eau douce] ; une cretonnée de chair ; raniolles ; un rosé de lapereaux et d'oiselets ; bourrées à la sauce chaude ; tourtes pisaines.

Tiers mets

Tanches aux soupes [pain] ; blanc-manger ; lait lardé et croûtes ; queues de sanglier à la sauce chaude ; chapons à la dodine ; pâtés de brême et de saumon ; plies en l'eau ; lèchefrites et darioles.

Quart mets

Fromentée ; venaison ; dorures ; rôt de poisson ; froide sauge ; anguilles renversées ; gelées de poisson, pâtés de chapon.

Sévit également la mode, dans les grands festins, du cygne ou du paon «revestu», c'est-à-dire remis dans sa peau et ses plumes et servi comme s'il était vivant, au moment de l'entremets. Voici comment, en 1373, le cuisinier Taillevent (*Le Viandier*) en recommandait la préparation :

Prenez le cygne et l'enflez par entre les épaules et le fendez au long du ventre, puis ôtez la peau autour du col, coupé entre les épaules, les pieds tenant au corps, et puis mettez en broche, et l'arçonnez et dorez ; et quand il sera cuit, soit revêtu en sa peau, et le col soit bien droit ou plat, et soit mangé au poivre jaunet[6].

Dans les plats, la saveur sucrée se juxtaposait à la salée. On sucrait des viandes que l'on sale aujourd'hui ; enfin, «l'on essayait des combinaisons, dit Guégan, qui eussent fait dresser les cheveux sur la tête à l'illustre Carême», quatre siècles plus tard.

Dans les campagnes, où le plat quotidien est la soupe, on fait «chabrot» les grands jours. On verse alors du vin dans le fond de l'écuelle, puis on y ajoute, couche par couche, quatre ou cinq soupes différentes. Il faut dire que la soupe du temps était un mets

---

5. *ibid.*, p. XV.
6. *ibid.*, p. XVI.

solide, consistant et fortement relevé. C'était, paraît-il et d'après Gilles de Rais, son compagnon d'armes, le plat préféré de Jeanne d'Arc.

NAISSANCE DE L'ART CULINAIRE FRANÇAIS

Les auteurs s'accordent généralement pour dire que c'est au début du XIVe siècle, avec Taillevent, maître queux de Philippe VI, écuyer de cuisine de Charles V, puis «maistre des garnisons de cuisine du roi Charles VI» que naît l'art culinaire français. Son livre, *Le Viandier*, est l'un des plus anciens traités culinaires écrits en langue populaire. Selon D. Atkinson[7], la forme originelle serait, selon toute probabilité, non pas un livre, mais un manuscrit en forme de rouleau destiné à être utilisé dans les cuisines.

Cette cuisine médiévale se perpétue aussi bien en France qu'en Allemagne et même en Italie, comme le souligne J.F. Revel[8]. Ce qui change au moment de la Renaissance, avec l'arrivée de Catherine de Médicis (1533), jeune épouse du dauphin Henri II, c'est le raffinement des manières de table et de ses ornements[9]. Mais c'est dans le domaine des friandises, des confitures, des pâtes de fruits et des architectures en sucre que les Italiens triomphent.

Les plaisirs de la table se répandent jusque dans le peuple. Marchands et marchés fleurissent. Les rôtisseurs, les pâtissiers, les cabaretiers font fortune. Le veau, la volaille, le mouton, le chevreuil, la perdrix sont à leur grande époque. De la baleine, les bourgeois ne tolèrent plus que la langue, laissant le reste aux moins bien nantis. L'archevêque de Sens, ancien précepteur de François 1er, lance la mode de la viande d'âne. De cette époque datent aussi les vertus curatives attribuées au lait d'ânesse que François 1er réclamait quand il était malade. Quant aux légumes, ils sont encore peu répandus, comme on le constate dans ce banquet de 50 couverts offert en 1549 en l'honneur de Catherine de Médicis par la ville de Paris[10]. On y sert:

30 paons, 33 faisans, 21 cygnes, 99 grues, 33 pigeons, 33 aigrettes, 30 chevreaux, 66 pintades, 30 chapons, 99 petits poulets au

---

7. David Atkinson, *Le Viandier de «Taillevent»*, Newton-on-Ouse (York), D. Atkinson, 1998, p. XI.
8. Jean-François Revel, *Un festin en paroles*, p. 151-166.
9. Ce raffinement se manifeste autant dans le linge de table, les faïences d'Urbino et les plats émaillés de Bernard de Palissy que dans la verrerie de Venise et les couverts ciselés de Benvenuto Cellini. Les dîners, pour lesquels on fait toilette, sont l'occasion de concert et de chants.
10. Christian Guy, «Un tournant: la cuisine Médicis à la sauce Valois», *Historia*, Hors série n° 42, *À table... les Français*, Paris, Librairie J. Tallandier, 1975, p. 48.

Chapitre premier

vinaigre, 66 poulets bouillis, 66 poulets en gélinottes, 6 cochons, 99 tourterelles, 33 lièvres, 66 lapins de garenne, 13 perdrix, 99 cailles et 13 petits poulets, et seulement : *500 asperges, 3 boisseaux de pois, 1 boisseau de fèves et 12 douzaines d'artichauts.*

Ce XVIᵉ siècle voit aussi une des plus importantes révolutions de table : l'apparition de la fourchette. Mise à la mode par Henri III et ses Mignons, soucieux de ne plus tacher la fraise empesée qu'ils portent autour du cou, l'usage de la fourchette fut cependant long à s'imposer et ne se généralisa que sous Louis XVI. Et il n'était pas rare de voir les convives se servir de leurs doigts, comme le firent encore Louis XIV et Bonaparte lui-même, très peu porté, il est vrai, sur les choses de la table. Ce qui ne l'empêcha pourtant pas de considérer celle-ci comme un endroit privilégié pour faire « honneur à la France ».

Et le menu, pendant ce temps-là ? Il continue à être une affaire privée entre le cuisinier ou l'officier de bouche et l'amphitryon (l'hôte) qui offre le repas. Grimod de la Reynière (1758-1838) se demandera encore au XIXᵉ siècle s'il faut informer les invités de ce qui leur sera servi ou s'il vaut mieux les tenir dans l'ignorance. Le menu est discuté et mis au point par le cuisinier et le maître de maison et le raffinement de l'un, conjugué à la science de l'autre, font la réputation des grandes tables.

L'ÈRE DU RAFFINEMENT

Quant à la cuisine, elle commence à prendre ses lettres de noblesse, d'abord sous Louis XIV et sa cour à Versailles puis, et surtout, sous Louis XV où elle atteint des sommets. Amorcée sous le règne du Roi-Soleil, la culture des potagers et des vergers est encouragée jusque dans les jardins du Roi. On y récolte pour la première fois des primeurs (laitue au mois de janvier, petits pois et fraises en mai, etc.). L'étiquette de la Cour introduit en même temps à la table du roi un faste inconnu jusque-là. Les livres de cuisine abondent[11] et les premiers gastronomes se font entendre. Avec Abraham du Pradel et ses *Adresses de Paris*, un premier guide, en partie gastronomique, est mis à la disposition du public. L'auteur y sélectionne les meilleurs pâtissiers, traiteurs, charcutiers, confiseurs, confituriers de la capitale du bien-manger qu'est devenu Paris.

---

11. Citons, entre autres : *L'école parfaite des officiers de bouche*, *Le Cuisinier François* de La Varenne, *L'art de bien traiter* de Rolland, *La Maison réglée* d'Audiger, *Le Cuisinier roïal et bourgeois* de Massaliot, *Le Pâtissier français*, etc.

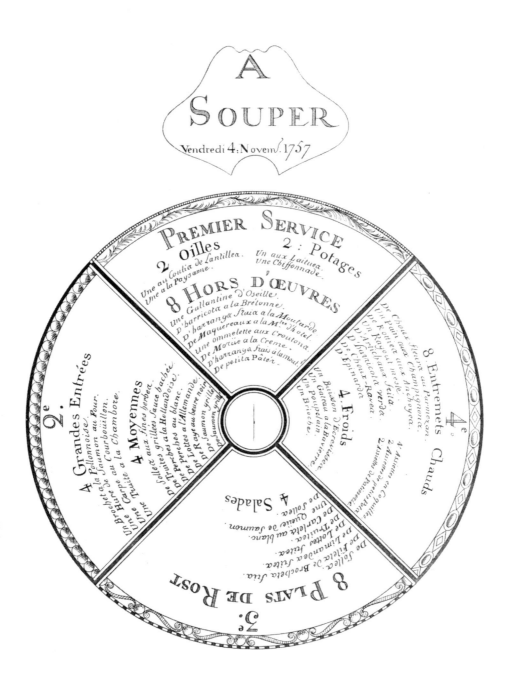

Menu d'un souper de Louis XV et Mme de Pompadour au Château de Choisy.

Chapitre premier

Le règne de Louis XV apporte à la cuisine la touche de raffinement qui caractérise depuis la cuisine française. Amateur de soupers fins, ce roi gastronome aimait préparer lui-même certains plats. Toute la Cour l'imite évidemment et l'on assista à l'éclosion d'une floraison de plats auxquels les plus grands du royaume attachèrent leur nom. Madame de Pompadour créa ainsi, dans son château de Bellevue, les filets de volaille Bellevue désormais célèbres. À sa suite, la marquise de Nesle invente un vol-au-vent, la duchesse de Villeroi le poulet à la sauce Villeroi, la maréchale de Mirepoix les cailles à la Mirepoix[12].

Durant le règne de Louis XVI, Parmentier livra une longue bataille pour imposer la pomme de terre, importée deux siècles auparavant du Pérou par les Espagnols. Il réussit finalement à faire accepter officiellement ce tubercule en 1787, mais des années s'écoulèrent avant que la pomme de terre fasse vraiment partie du menu des Français.

LA GASTRONOMIE RESTAURATRICE

Mais c'est la Révolution française (1789), et les changements radicaux qu'elle introduisit dans la société de l'époque, qui fut, indirectement, à l'origine de l'expansion des restaurants et de leurs menus affichés. Outre l'avènement d'une nouvelle organisation sociale et l'émergence de comportements et de besoins nouveaux qu'elle provoqua, la Révolution entraîna en effet également la mise au chômage brutal, du jour au lendemain, de nombreux «officiers de bouche» qui, privés de leurs maîtres ou disparus ou exilés, se cherchèrent alors de nouveaux champs d'action.

Or, en démocratisant les rapports sociaux, la Révolution avait déblayé aussi le champ à de nouveaux rapports conviviaux. De là à inventer des lieux où le ci-devant citoyen ou la ci-devant citoyenne, libres et républicains, pouvaient à leur tour se payer le luxe autrefois réservé aux seuls rois, il n'y avait qu'un pas que franchirent hardiment les premiers «restaurateurs»[13]. En permettant l'accès à une table dont la diversité et la qualité pouvaient se comparer à celles des princes de l'Ancien Régime, et cela pour un prix accessible et que l'on connaissait d'avance, ils furent à l'origine, grâce à ce procédé de marketing digne des théories les plus modernes

---

12. Bertrand Guegan, *op. cit.*, p. LXIX.
13. Voir origine du mot, p. VIII (Avant-propos).

dans ce domaine, de toute une industrie de la restauration dont nous n'imaginons même pas qu'elle puisse ne pas avoir existé. Et créèrent en même temps «une profession qui, dit Brillat-Savarin, commande à la fortune toutes les fois où celui qui l'exerce a de la bonne foi, de l'ordre et de l'habileté».

Quant au nom «restaurant», il a été employé en 1765 par un dénommé Boulanger, marchand de bouillon, rue des Poulies à Paris, qui donna à ses potages le nom de «restaurants» et inscrivit sur son enseigne : « *Venite ad me omnes qui stomacho laboratis et ego restaurabo vos*». (Venez tous à moi, dont l'estomac crie misère, et je vous restaurerai). D'autres restaurateurs s'établirent à son imitation, et la mode des restaurants, qui supplantèrent rapidement les tables d'hôte (tables communes) et les auberges trop peu raffinées, fut lancée.

Depuis l'ouverture du premier «Débit de restaurants», la vogue de ces établissements nouveaux se propagea si bien et ils présentèrent des menus tels que l'on peut dire que la gastronomie restauratrice était née, affirme Pierre Andrieu.

Les anciens officiers de bouche y contribuèrent grandement. La réussite d'Antoine Beauvilliers fut l'une des plus éclatantes. Installé dès 1783, rue de Richelieu, le premier trait de génie de cet ancien officier de bouche du comte de Provence et futur Louis XVIII, fut, selon Christian Guy[14],

> de décider que l'on peut, chez lui, ne plus être obligé de manger ce que l'on vous impose, mais que l'on y a la latitude de choisir, sur une carte, entre divers plats. Son second trait est d'attacher toute l'importance qu'il se doit à l'ambiance de sa salle et à la présentation des mets. Le luxe fait son apparition : fini de manger sur des tables de marbre avec des couverts d'étain... chez Beauvilliers, on dîne dans un décor digne de n'importe quel palais ou résidence princière. Les tables sont recouvertes de nappes impeccablement blanches. Le service se fait dans des plats d'argent et des assiettes en fort belle faïence ou porcelaine. Lui-même, Beauvilliers, se présente dans son restaurant impeccablement vêtu d'un habit à la française, orné de boutons d'argent. Il est affable, dirige tout, surveille tout. Apercevant un plat qui ne lui semble pas préparé, ou présenté, selon les règles établies à la cour, il le fait aussitôt enlever ou remplacer.

[14.] Christian Guy, *La vie quotidienne de la société gourmande en France au XIXe siècle*, Paris, Hachette, 1971, p. 23.

Chapitre premier

Imité bientôt par les Véry, Méot, Balline (Le rocher de Cancale), les Frères Provençaux, Beauvilliers a ainsi donné le ton à une restauration qui a grandement contribué à la réputation touristique de son pays.

LE MENU ÉCRIT

Dans ces établissements nouvelle manière, le menu était affiché, et les convives allaient le consulter pour faire leur choix et se renseigner sur les prix ; sous le Second Empire, il devint un objet artistique et s'orna de dessins. Avec la vogue des tables individuelles, on trouve bientôt un exemplaire sur chacune d'elles.

Indissolublement lié à la cuisine des différentes époques et à l'évolution du goût de la société, le menu continue, depuis près de deux siècles, à répercuter jusqu'à nous une cuisine presque millénaire. Et les dénominations, dont bon nombre datent du Grand Siècle et du Siècle des Lumières, continuent à éveiller dans notre imaginaire moderne les fantasmes de luxe et de faste qui ont fait la fortune des premiers restaurateurs et les délices de leurs clients, ravis de dîner tel le roi.

Certains auteurs ont reproché au menu l'utilisation de dénominations plus ou moins ésotériques et ont voulu, tel Favre, remplacer «Potage à la Du Barry» par «purée de choux-fleurs», sous prétexte que personne ne sait plus ce qu'est un potage Du Barry. C'est toutefois ne voir dans le menu que sa fonction strictement informative et sous-estimer complètement sa fonction persuasive qui fait la puissance de marketing de cet outil professionnel aussi simple qu'indispensable.

Qui, en effet, imaginerait de nos jours un restaurant, si modeste soit-il, sans son menu ? Et quel restaurateur, soucieux de son intérêt, voudrait se passer d'un accessoire capable de plonger, en quelques minutes, le client le plus sage dans une expectative de plaisirs propice à toutes les tentations du palais ? Il faudra, bien sûr, que de son côté le cuisinier tienne les promesses du menu et comble les attentes déclenchées à sa lecture. Mais ceci est une autre histoire…

Au fil des ans, et la gastronomie restauratrice se développant rapidement de même que les moyens de communication, le menu s'enrichit de plats dont les dénominations référaient à des villes et à des provinces où l'art de bien manger faisait depuis longtemps partie des usages. Les restaurants mirent à leur carte les spécialités régionales, les préparations typiques aux différentes régions, les plats importés par un tourisme qui se développait de plus en plus, grâce, entre autres, aux échanges commerciaux et à l'amélioration des moyens de transport qui marquèrent le XIXe et surtout le XXe siècle.

Par ailleurs, ayant chassé leurs rois, les Français se trouvèrent rapidement d'autres princes. Les cuisiniers dédicaceront désormais leurs trouvailles gastronomiques aux têtes couronnées étrangères, aux étoiles du spectacle, de la musique ou de la littérature, aux reines du *Gay Paris*, quand ce n'est pas tout simplement à quelque joli minois.

De nos jours, la nouvelle cuisine et son projet de retour aux sources et aux saveurs naturelles, nous a valu des menus où ce ne sont plus les évocations royales, géographiques ou exotiques qui font rêver le client, mais le défilé des éléments composant les plats, presque aussi éclectiques que ceux du Bas-Empire romain et aussi inédits dans bien des cas. Car le menu de la nouvelle cuisine entraîne le lecteur dans un monde où le luxe réside dans la rareté, l'originalité et le savant mélange des mets et des condiments qui lui sont proposés ; un tel menu donne à celui qui le consulte le sentiment, délicieux, d'appartenir à une race d'initiés, seuls accessibles à un tel raffinement et seuls capables d'en apprécier tout le luxe, sous l'apparente simplicité.

Ce sentiment, les gourmets du Bas-Empire romain devaient eux aussi le partager, quand ils dégustaient, dans une recherche effrénée d'originalité, pâtés de langues d'oiseaux parleurs, ragoûts de foies de rossignols et cervelles de paons, têtes de perroquets, trompes d'éléphants, talons de chameaux, et autres tétines de truies, bonnes que si les petits de la truie n'y avaient pas tété…

Toujours est-il que ces festins aux raffinements forcenés ont accompagné la décadence de l'empire romain, déjà inscrite dans l'imaginaire gustatif du temps. Se pourrait-il que notre moderne quête de saveurs originelles ne soient que l'envers d'une même recherche et que les extravagances d'une certaine nouvelle cuisine aient sonné, à leur façon, le glas d'une époque ?

Quoi qu'il en soit, on aura pu constater au fil de ces pages que le menu, lui, a gardé intactes, au-delà des époques et des modes, les deux fonctions qui le caractérisent : informer le client des plats qui lui sont offerts et stimuler, par des références qui dépassent de loin le seul domaine de la nourriture, le complexe mécanisme gustatif de l'homme.

Comment ces deux fonctions se réalisent et quelles sont les conditions qui favorisent au maximum cette réalisation, voilà à quoi s'attache le prochain chapitre.

CHAPITRE II
LE MENU ET SES FONCTIONS

NATURE DU MENU

Le menu, on l'a vu, fait partie des restaurants depuis la création de ceux-ci, à la fin du XVIIIᵉ siècle. Quant au menu écrit tel que nous le connaissons aujourd'hui, Pierre Andrieu le fait remonter à 1825.

Mais si, de nos jours, nous n'imaginons plus un restaurant sans menu, il n'est pas rare d'y trouver des menus criblés d'erreurs et qui font une bien piètre publicité à leur établissement.

Cet état de choses, Grimod de la Reynière (1758-1837), considéré par certains comme le père fondateur de la gastronomie, avait déjà eu l'occasion de le déplorer en son temps; il se plaignait tout particulièrement de la déformation que subissaient, dans les menus, les noms des inventeurs des plats et considérait comme «un service à rendre à la mémoire de ces illustres Pères de l'Église gourmande, que de rétablir ces noms dans toute leur pureté, et de constater d'une manière certaine l'origine de ces différents mots[1].»

Ce travail, il est vrai, n'est pas à la portée de tout un chacun. Mais rédiger un menu sans faute, qui respecte l'orthographe des dénominations et l'identité des plats, qui soit équilibré, de manière à remplir parfaitement son rôle d'instrument de travail et d'outil de marketing, voilà ce qui distinguera toujours le travail du professionnel de celui de l'amateur.

Que faut-il pour cela? Une connaissance courante des notions grammaticales, orthographiques et syntaxiques simples, une connaissance approfondie des dénominations de la cuisine classique et contemporaine et des plats qui y correspondent, et, finalement, une idée claire du rôle du menu et des conditions qui lui permettent d'atteindre efficacement son but.

Car le menu est à la fois :

▶ **un texte écrit,** donc un texte soumis à des règles linguistiques ;
▶ **un texte professionnel,** comportant à ce titre des indications techniques précises ;
▶ **un instrument de travail,** de l'efficacité duquel dépend en partie la réalisation de la transaction (vente du produit) ;
▶ **un outil de marketing,** qui doit tenir compte d'un ensemble de facteurs pour atteindre pleinement son but.

LE MENU, UN TEXTE ÉCRIT

En tant que texte écrit, le menu est soumis aux mêmes règles de grammaire, d'orthographe, de syntaxe, de ponctuation qui régissent tous les autres textes écrits dans cette langue, comme :

▶ **la distinction entre nom commun/nom propre ;**
▶ **les accords de genre et de nombre** (masculin/féminin, singulier/pluriel) ;
▶ **la ponctuation** (en particulier le bon usage de la virgule) ;
▶ **l'utilisation de la majuscule ;**
▶ etc.

[1.] Grimod de la Reynière, *Écrits gastronomiques*, Paris, USE, Coll. 10/18, 1978, p. 331.

Un menu qui ne respecterait pas ces règles élémentaires d'écriture perdrait dès l'abord une partie de son prestige, et son auteur, un peu de sa crédibilité. Il y perdrait également une grande partie de son efficacité en matière de transmission de l'information.

LE MENU, UN TEXTE PROFESSIONNEL

Rédiger un menu exige une connaissance sérieuse des dénominations et des plats, préparations, présentations, garnitures qui y correspondent. Ainsi, un cuisinier averti ne confondra pas une préparation *en gelée* avec une présentation *à la gelée*, distinguera une sauce Mornay des bettes à la mornay, fera la différence entre un consommé à la parmesane et un soufflé au parmesan, entre des pommes nature et une poitrine de mouton grillée au naturel, entre un poulet sauté archiduc et un poulet sauté Archiduc-Salvator.

Il fera la distinction entre

- ▶ **les dénominations dédicatoires** (qui portent le nom de leur auteur ou de la personne à qui le plat a été dédié)
- ▶ **les préparations** (à la broche, au fromage, en matelote, en cheveux d'ange, en daube, à la casserole, etc.)
- ▶ **les garnitures** (aux crevettes, en couronne, aux cheveux d'ange, aux diablotins, etc.)
- ▶ **les présentations** (en branches, en chemise, en casserole, en salade, etc.)
- ▶ **les préparations «à la manière»** (à la toulousaine, à la mexicaine, à la forestière, à la financière, à la française, etc.)
- ▶ **les préparations «dans le style de»** (à la Dugléré, à la Gouffé, etc.)

Ces connaissances, le cuisinier les a acquises en pratiquant son métier. Et il mettra sa fierté de professionnel à orthographier correctement les dénominations qu'il utilise. Le répertoire et le lexique des noms propres et des préparations, présentations et garnitures les plus usuelles dans la cuisine classique française d'après D. Atkinson, que nous joignons en annexe, avec l'autorisation de l'auteur, constituent des références très précieuses à cet effet et simplifient considérablement le travail du rédacteur de menus.

Les dénominations ayant, au fil des ans, subi toutes sortes de déformations dues à des transcriptions plus ou moins fidèles, un tel outil de référence est désormais indispensable à tout professionnel de la restauration soucieux de la tenue de son menu et de la correction des termes qui y sont employés.

On constate, depuis quelques années et sous l'influence conjuguée des facteurs socio-économiques et des migrations planétaires entre autres, une très nette tendance à abandonner les dénominations dédicatoires des plats. Elles prennent maintenant une forme plus descriptive et énumèrent les composantes du plat, et même des éléments de recettes, comme par exemple : «Queues de langoustines poêlées à l'huile d'olive et au citron» (menu Jacques Lainé, Beaune). Certains restaurants font suivre chaque énoncé en français par sa traduction anglaise, souvent plus explicite que la formulation en français : «L'assiette orientale aux deux filets sur vermicelle frit / Oriental beef and pork stir-fry served on fried vermicelli» (Restaurant Le Bouquet, Hôtel Delta, Montréal).

Mais que les dénominations soient dédicatoires comme dans la cuisine classique ou descriptives comme le veut l'usage actuel, répertoires et dictionnaires sont, dans les deux cas, des outils indispensables.

LE MENU, UN OUTIL DE TRAVAIL

Un menu correctement écrit et qui orthographie avec précision les dénominations des plats est, on l'a vu, un signe de professionnalisme. Mais pour qu'il devienne un *outil de travail* efficace, il faut que le menu soit également :

- **écrit lisiblement** : ni trop petit, ni en caractères trop compliqués, trop ornementés, qui en rendent la lecture difficile ;
- **explicite, mais sans longueurs** : sans détails superflus, sans enflure verbale, et surtout sans description de techniques de préparation (style recette) ;
- **d'un format pratique** : il faut éviter pour cela les menus à déplier (attention aux voisins de table !), exagérément grands (style journal), comportant plusieurs pages (difficulté à comparer les plats, les prix) ;
- **soigné dans sa présentation** : qualité du papier, de la couleur, netteté (attention aux taches grasses, au plastique facilement gluant, aux photocopies blafardes, au menu du jour griffonné à la hâte, etc.).

Tous ces éléments contribuent à établir une communication claire et facile, et favorisent la transaction. Et que cherche le menu, si ce n'est de vendre les produits de l'établissement ?

LE MENU, UN INSTRUMENT DE MARKETING

En fins psychologues, les premiers rédacteurs de menus ont merveilleusement su tirer parti des deux fonctions essentielles du menu : informer le client et stimuler, en même temps que son appétit, le mécanisme très subtil de son imaginaire gustatif. Car, comme nous l'avons vu au chapitre précédent, ils ont très vite compris que les convives ne venaient pas seulement se nourrir, mais étaient aussi attirés par le dépaysement, la sensation d'évasion, le rêve, le luxe, les références prestigieuses ou exotiques, la diversité, le choix, le confort qui accompagnaient la nouvelle gastronomie restauratrice.

Les modes et les goûts ont changé au fil des ans, mais les menus les plus réussis sont toujours ceux qui savent efficacement se servir de cette double fonction : informative (qui donne des informations) et conative ou persuasive (qui produit un certain effet chez le récepteur). Attirer l'attention et provoquer des envies, mais sécuriser en même temps par des informations précises, tel est le rôle du menu en tant qu'instrument de marketing. Il lui faut pour cela présenter les mets de façon à tenter merveilleusement le client, sans pour cela lui faire perdre complètement son latin, le rassurer en lui fournissant des précisions (nature des plats, quantités, variété, prix), tout en flattant ses goûts, en éveillant sa curiosité, en créant une atmosphère propice au rêve (dénominations des plats), bref, l'inciter à consommer comme doit le faire toute bonne publicité.

En même temps, le menu fait la publicité du restaurant lui-même et projette une image de l'établissement qui peut contribuer à sa réputation ou, au contraire, créer une impression défavorable.

D'où l'importance du menu et le soin qu'il faut apporter à sa rédaction.

FONCTIONS DU MENU

LA FONCTION INFORMATIVE

La première chose que le client attend d'un menu qu'on lui présente, c'est qu'il le renseigne vite, bien et sans effort inutile. Le menu doit lui faciliter le choix et non le compliquer, les plats n'étant plus, comme autrefois, posés tous ensemble sur la table commune, chacun se servant à sa guise ou selon les possibilités que lui en laissait le voisin.

Une des principales fonctions du menu est donc *d'informer* le client des plats qui sont offerts par l'établissement.

À ce titre, le menu doit répondre aux exigences suivantes :

▶ rapidité (concision) ;

▶ clarté ;

▶ précision ;

▶ lisibilité.

Il doit donc :

a) **Se lire rapidement et facilement,** ce qui signifie qu'il faut :

▶ éviter d'encombrer le texte d'éléments inutiles ;

▶ rédiger un menu lisible (graphie, présentation, format, impression, etc.).

b) **Être compris sans difficulté ;** pour cela, le menu doit :

▶ respecter les règles courantes de la grammaire, de l'orthographe et de la syntaxe, qui facilitent la communication et contribuent à la compréhension du message.

c) **Comporter des indications précises :** nature, variété, qualité, quantité, préparation, présentation, garniture, prix.

d) **Attirer l'attention sur l'essentiel ;** il faut donc éviter :

▶ les articles ;

▶ l'usage abusif et incohérent des majuscules ;

▶ les guillemets ;

▶ les graphies et orthographes fantaisistes.

LA FONCTION CONATIVE DU MENU
OU L'ART DE LA PERSUASION

Mais le menu, comme on l'a vu, ne se limite pas à la seule fonction informative. Il fait également appel à l'imagination[2] du client et stimule, par un éventail de références qui peuvent changer d'une époque à l'autre, mais qui, toutes, suggèrent une ambiance de luxe, de plaisirs et de dépaysement, les cordes qui font vibrer notre imaginaire gustatif. Appellations de la cuisine classique évoquant le faste royal, le monde des arts et du spectacle, l'aventure et l'exotisme, les régions et les pays de fine cuisine, les maîtres de la gastronomie, souvenirs des plats du temps passé, de la cuisine bourgeoise, ou énumération des composantes raffinées des plats de la nouvelle cuisine, toutes ces références réveillent chez le convive bien plus que le simple désir de se nourrir.

Aussi le menu pare-t-il les plats de la *cuisine classique* qu'il propose, *in absentia*, de tous les attraits :

> ▶ **de la royauté :**
> Poularde de riz Bourbon
> Tournedos Henri IV
> Consommé Édouard VII
> Rissoles à la dauphine
> Lièvre farci à la royale
> Dartois à la reine
> Filet de bœuf Louis XIV
> Rognon de veau émincé Grand-Veneur
> Bombe Médicis
> Potage Pierre-le-Grand
> Consommé Trianon
> etc.
>
> ▶ **du milieu artistique :**
> Œufs brouillés Balzac
> Tournedos Rossini
> Pêche Melba
> Bombe Tosca
> Consommé Cellini
> etc.

---

2. «Autant que la sexualité, la nourriture est inséparable de l'imagination», Jean-François Revel, *Un festin en paroles*, p. 15.

▶ **de l'Histoire:**

Côte de veau Parmentier
Faisan Sainte-Alliance
Filets de sole Murat
Poulet Marie-Antoinette
Filets de lièvre Lucullus
Veau Marengo
etc.

▶ **de la gastronomie:**

Côte de veau hachée Grimod-de-la-Reynière
Filet de turbot à la Dugléré
Perdreau en crépine Brillat-Savarin
Beignets d'ananas à la Carême
Escalopes de foie gras Cambacérès
Croûtes aux bananes à la Beauvilliers
Fondants de foie gras à la Taillevent
etc.

▶ **de l'amour:**

Tartelettes Agnès-Sorel
Côtelettes de mouton Pompadour
Fonds d'artichauts Maintenon
Salade Casanova
Bombe Cyrano
Carré d'agneau Du Barry
Suprême de barbue Héloïse
Omelette La-Vallière
Tomates farcies Nana
Canapés Ninon
Pêches Pénélope
Fromage bavarois au parfait amour
etc.

▶ **des régions gastronomiques:**

Oie à l'alsacienne
Filets de sole à l'armoricaine
Confit d'oie à la basquaise
Saumon glacé à la champenoise
Gratin à la dauphinoise
Aubergines au gratin à la languedocienne
Chaussons à la périgourdine
etc.

▶ **de l'exotisme :**
Bombe Aboukir
Selle d'agneau à l'africaine
Omelette soufflée Alaska
Potage Boston
Crème à l'égyptienne
Petits pâtés à la moscovite
Bananes à la norvégienne
Coupe Singapour
Velouté de volaille sultane
etc.

▶ **de l'inhabituel :**
Morue à la bamboche
Harengs grillés à la diable
Poularde à la chevalière
Pommes en hérisson
Ris de veau à l'ivoire
Pommes négresses
Épinards au sucre
Ragoût à la tortue
Consommé à la flip
etc.

Pour leur part, les menus de la cuisine contemporaine auraient plutôt tendance à se parer :

▶ **du raffinement ou de l'exotisme des composantes :**
Saumon fumé laqué aux épices, à l'émulsion de wasabi, salade de daïkon, betterave jaune et minutina au citron et gingembre, chips de patate douce[3]

Les Filets de Rougets poëlés à l'Unilatéral, petits Légumes à la Coriandre et Mousseline de Piments[4]

Les langoustines en Papillote de Saumon Fumé à la Brouillade d'œuf aux Caviars[5]

Les tendres noisettes d'agneau des Alpilles en gâteau mouginois et la sauce aux parfums de nos collines avec les Gnocchis aux pignons[6]

---

[3]. Normand Laprise, *Toqué!*, Montréal (Québec).
[4]. Michel Lorain, *La Côte Saint-Jacques*, Joigny (France).
[5]. Michel Guérard, *Eugénie-les-Bains* (France).
[6]. Roger Vergé, *Le Moulin de Mougins* (France).

Intrigué, charmé, stimulé, le client fait son choix, dans une expectative de plaisirs qu'il appartient ensuite au cuisinier de combler.

Quant au rédacteur du menu, il devra se baser sur une connaissance approfondie des dénominations pour orthographier correctement et à bon escient cette partie du menu. Il se référera à cet effet avec profit à des répertoires et à des lexiques, comme celui de David Atkinson (pour la cuisine classique française), et, plus généralement, aux règles de l'orthographe, de la grammaire et de la syntaxe.

CARACTÉRISTIQUES D'UN MENU ÉQUILIBRÉ

Un menu équilibré est un menu qui tient à la fois compte de la fonction *informative* du menu et de sa fonction *persuasive*.

Ainsi ne faut-il tomber ni dans un excès informatif qui ferait ressembler le menu à une spécification d'achat comme :

- ▶ Côte de bœuf de l'Ouest, 500 g
- ▶ La demi-douzaine d'escargots

ni dans l'excès contraire comme :

- ▶ Habitants de l'Océan en chemise[7]
- ▶ *Hommelettes au choix*[8]
- ▶ Les charmantes demoiselles d'Irlande en promenade aux Champs-Élysées[9]
- ▶ Baisers Agnès-Sorel flanqués de douceurs circulantes[10]
- ▶ Vision de Paradis agrémentée des délices glacés de Lucullus[11]
- ▶ L'extrait de queues de kangourou au xérès[12]

---

[7] *Cuisine de Montréal*, Vol. I, n° 2, 1982.
[8] *ibid.*
[9] V. Durussel, p. 72.
[10] *ibid.*
[11] *ibid.*
[12] *ibid.*

Un menu bien fait est un menu qui installe un équilibre entre les deux fonctions ; il n'est ni sèchement informatif ni trop chargé de références et de détails, comme dans les exemples ci-dessous.

Cuisine classique :
- ▶ Anguille d'eau douce à la matelote (D. Atkinson)
- ▶ Filet de bœuf Prince-Albert (idem)
- ▶ Coquilles de saumon à la florentine (idem)
- ▶ Carré d'agneau Du Barry (idem)
- ▶ Bécasse sautée Brillat-Savarin (idem)

Cuisine contemporaine :
- ▶ Entrecôte poêlée à la sauce moutarde (Troisgros)
- ▶ Saumon frais mariné à l'aneth et pain de campagne grillé (F. Bocuse)
- ▶ Selle d'agneau piquée à l'ail nouveau, gratin dauphinois (F. Bocuse)
- ▶ Ris de veau truffé aux asperges (J. Robuchon)
- ▶ Suprême de turbot au champagne (F. Point)

CHAPITRE III
LA RÈGLE DE RÉDACTION DES MENUS

Les règles les plus efficaces sont aussi les plus simples. Aussi, celle que nous proposons se base-t-elle essentiellement sur le raisonnement grammatical et sur les règles élémentaires de l'orthographe et de la syntaxe françaises que connaît tout un chacun.

Nous avons voulu, en rédigeant la présente règle, éviter le recours aux diktats de l'usage, ce dernier ayant, comme on le sait, la fâcheuse habitude de varier selon les individus, les endroits et l'expérience professionnelle des différents rédacteurs. Il est fort difficile, dans ces conditions, d'en arriver à un consensus et plus difficile encore d'enseigner un usage aussi fluctuant et ne se fondant que sur des *a priori*.

De plus, l'usage ayant introduit l'escamotage de certains éléments des dénominations, qui non seulement nuit à la bonne compréhension du texte mais entraîne également des fautes grammaticales et syntaxiques qui dévalorisent un texte qui se veut professionnel (par exemple : *Scampis grillés Provençale*, Les fondues *bruxelloise*, les Palets de riz de veau *Zurichoise*[1]), il nous a paru important d'établir une règle qui permette le retour à une formulation plus orthodoxe des dénominations de la cuisine française. Il nous a, en

---

[1] Dénominations relevées dans «Montréal Cuisine 1982», *Répertoire des restaurants avec menus et recettes*, Vol. II, n° 2. Par ailleurs, les menus illustrant cet ouvrage l'ont été dans leur forme et orthographe originelles. Au lecteur de les corriger !

effet, semblé que cette cuisine, une des plus prestigieuses au monde, méritait d'être annoncée par des menus qui respectent la tradition séculaire de la gastronomie restauratrice et de ses dénominations désormais classiques.

À cet effet, la règle abordera successivement les points suivants :

▶ **Le menu et les règles du français écrit**
▶ **L'article : faut-il l'utiliser dans un menu ?**
▶ **Du bon usage des majuscules : les noms propres, les dénominations dédicatoires**
▶ **Transformation des noms propres en noms communs**
▶ **L'orthographe des dénominations : le trait d'union et la majuscule**
▶ **La locution prépositionnelle « à la » et son utilisation dans les menus**
▶ **Le menu et la ponctuation**
▶ **Le menu et les mots étrangers**
▶ **Le menu et l'accord des mots à compléments**
▶ **« De » ou « à » ?**
▶ **Hors-d'œuvre, amuse-bouche et autres chausse-trappes**
▶ **Les vins et le menu**

LE MENU ET LES RÈGLES DU FRANÇAIS ÉCRIT

Les règles qui régissent la langue ont été formulées pour permettre, grâce à un fonctionnement uniforme du code, une meilleure communication et une transmission plus efficace du message.

Le menu en tant que texte écrit ne peut, s'il veut atteindre pleinement son objectif, se soustraire aux règles de la langue dans laquelle il est écrit.

Ce principe une fois posé, la rédaction et la correction du menu soulèvent un certain nombre d'interrogations, dont, entre autres, la pertinence de l'article en début d'énoncé. Quelle est son utilité ?

L'ARTICLE : FAUT-IL L'UTILISER DANS UN MENU ?

À analyser un certain nombre de menus, on s'aperçoit en effet que l'article a été, et est encore dans bien des cas, utilisé à tort et à travers, selon la fantaisie des rédacteurs.

Certains l'utilisent systématiquement (exemples tirés de cartes de grandes maisons) :

▶ **Entrées froides et tièdes**
La salade tiède de lotte
La terrine de ris de veau
La salade de haricots verts
La bavaroise d'artichaut
Les langoustines enrobées d'épinards au coulis de tomates
Le foie gras de canard des Landes, préparé à la maison
Le jambon du Morvan

▶ **Entrées chaudes**
Les œufs de caille au jus de truffes
Les œufs en meurette
Les queues d'écrevisses aux spaghettis de courgettes
Les écrevisses pattes rouges sautées à l'estragon
Les escargots de Bourgogne aux orties
Le foie gras de canard poêlé au gros sel
Les jambonnettes de grenouille à la purée d'ail

d'autres s'en servent occasionnellement :

▶ **La carte du jour**
« Le Ragoût 74 » (chaud)
Les *Trois Terrines Maison : Volaille, Canard, Foies de Volailles*
Ballottine de Lièvre aux Senteurs d'Automne
Cassolette de Ris de Veau aux petites Morilles
Le *Médaillon de Lotte à la Fondue de Tomates fraîches*
Terrine de Tourteau Sauce Ricard
Pâté d'Anguille aux fines Herbes
Saumon frais mariné à l'Aneth
Saumon fumé Extra
Douze Escargots de Bourgogne Maison
Salade de Truffes
Avocat Saint Germain
Escalopes de Langouste et Homard en Salade
Bisque de Homard
Notre *Foie gras d'Oie, préparé par le Chef*
Terrine de Foie gras de Canard à l'Armagnac
La *Truffe du Périgord en Feuilletage*

sans qu'on en perçoive vraiment la raison ou l'utilité.

Dans tous les cas, l'utilisation de l'article, ou trop systématique et perdant ainsi son impact stylistique, ou épisodique et sans raison objective, n'atteint pas son but.

Il est donc recommandé de ne pas utiliser l'article pour présenter les plats, cette pratique, inutilement pompeuse, étant en outre peu compatible avec les techniques modernes de la communication et leur souci d'efficacité.

Car le menu en tant que texte informatif doit, on s'en souvient, se lire rapidement et attirer l'attention sur l'essentiel. Il faut donc le débarrasser des éléments inutiles.

Or, en supprimant l'article, on donne la première place à l'élément principal du plat. Cet élément prend alors la majuscule, ce qui contribue à le mettre en valeur :

> ▶ Potage Saint-Germain
> et non
> ▶ *Le potage Saint-Germain*

L'attention, comme il se doit, est attirée sur l'essentiel (potage), sans diversion inopportune.

DU BON USAGE DES MAJUSCULES

Certains menus usent et abusent de la majuscule. Il y a ceux qui sont rédigés en entier en lettres capitales et ceux qui utilisent la majuscule de façon fantaisiste :

> ▶ TURBOT AU CHAMPAGNE
> ▶ Ravioli de Canard aux sucs d'Estragon
> ▶ Timbale de Langouste fraîche sur étuvée d'Épinard
> ▶ Tournedos à l'Échalote et aux Gousses d'Ail Confites

D'autres, plus rares, sont rédigés complètement en lettres minuscules :

> ▶ salade de homard breton, de suprêmes de pigeonneaux au pourpier et truffes de tricastin

Aucune de ces formes n'est évidemment correcte, car la majuscule, en français, s'applique à la première lettre du premier mot d'un énoncé et aux noms propres. Si «l'abus de majuscules trahit le goût de l'hyperbole prétentieuse, un certain snobisme de l'effet» selon le Fichier français de Berne cité par A. Ramat, leur absence totale semble indiquer, pour sa part, ou l'incompétence du rédacteur (ne distingue pas les noms propres des noms communs[2]) ou le même snobisme de l'effet, cette fois dans le sens inverse. Dans les deux cas, cette façon de rédiger le menu est à déconseiller.

Les noms propres

La majuscule doit aussi être utilisée dans le cas des noms propres de personnes, de lieux, de régions, comme dans :

> ▸ Salade *Lisette*
> ▸ Sole de *Douvres*
> ▸ Foie gras du *Périgord*

Outre le cas où le nom propre indique la provenance (et dans ce cas il est toujours précédé de la préposition «de»), comme par exemple pour :

> ▸ Sole de Douvres
> ▸ Foie gras du Périgord
> ▸ Jambon de Bayonne
> ▸ Saumon de Gaspé

il est généralement utilisé pour les dénominations *dédicatoires*.

Les dénominations dédicatoires

Dans une dénomination dédicatoire, le nom propre indique :

le nom de la *personne* à qui a été dédié le plat ou qui a été mêlée à sa création comme dans :

> ▸ Entrecôte Mirabeau
> ▸ Pêche Melba
> ▸ Crêpes Suzette
> ▸ Bombe Médicis
> ▸ Carré d'agneau Du Barry
> ▸ Fonds d'artichauts farcis Soubise
> ▸ Foie gras Souvarov

[2.] Tricastin, qui désigne l'ancien pays du bas Dauphiné, au sud-ouest du département de la Drôme, aurait dû, à ce titre, s'orthographier avec une majuscule.

le nom d'un *lieu*, gastronomique ou historique :

- ▶ Timbale de langoustines Nantua (ville du Jura, sur le lac Nantua)
- ▶ Œufs brouillés Argenteuil (ville du Val d'Oise)
- ▶ Potage Longchamp (hippodrome, région parisienne)
- ▶ Poulet sauté Périgord (région gastronomique du sud-ouest de la France)
- ▶ Consommé Monte-Carlo (Principauté de Monaco)
- ▶ Ailerons de dindonneau Sainte-Menehould (fuite de Louis XVI)
- ▶ Rognons de veau Turbigo (localité d'Italie du Nord, victoires françaises sur les Autrichiens, 1800 et 1859)

le nom d'un *événement* :

- ▶ Faisan Sainte-Alliance (pacte signé le 26 septembre 1815, contre la France, par le tsar de Russie, l'empereur d'Autriche et le roi de Prusse)
- ▶ Homard Thermidor[3] (chute de Robespierre)
- ▶ Oie en daube Capitole (les oies du Capitole sauvèrent Rome de l'attaque des Gaulois)[4].

TRANSFORMATION DES NOMS PROPRES EN NOMS COMMUNS

Généralement, les noms propres prennent la majuscule : noms de familles, de dynasties, de peuples, noms géographiques, etc.

Il arrive toutefois que des noms propres soient employés comme noms communs ; c'est généralement le cas quand il y a *catachrèse*, c'est-à-dire quand l'usage a fait oublier l'origine du nom ainsi employé[5] :

- ▶ Monsieur Poubelle (préfet de la Seine) : la poubelle
- ▶ F. R. de Chateaubriand (écrivain français) : un chateaubriand
- ▶ E. M. de Sandwich (comte anglais) : un sandwich
- ▶ Frigidaire (marque de commerce) : un frigidaire

---

3. Dédicace qui ne concerne pas le mois (onzième mois du calendrier républicain : 19 juillet – 18 août), mais l'événement historique du 9 Thermidor (27 juillet 1794).
4. On se référera avec profit, pour l'identification et l'orthographe des dénominations dédicatoires, au répertoire des noms propres et à la liste des exemples de plats de D. Atkinson, publiés en annexe.
5. Maurice Grevisse, *Le bon usage*, 11ᵉ édition, Paris-Gembloux : Duculot, 1980, nᵒˢ 385-386.

Chapitre III

Dans les exemples ci-dessous, le nom propre se transforme en nom commun quand, au lieu du nom géographique, il est appliqué à *un produit du pays*, de *la région* ou de *la ville*. Il s'accompagne alors d'un article et son initiale est *minuscule* :

- ▶ le bordeaux (ville : Bordeaux)
- ▶ le champagne (région : Champagne)
- ▶ un cognac (ville : Cognac)
- ▶ un armagnac (région du sud-ouest de la France)
- ▶ un xérès (ville d'Espagne méridionale : Xérès)
- ▶ un porto (ville du Portugal : Porto)
- ▶ un munster (localité d'Alsace : Munster)
  etc.

La même transformation, du nom propre en nom commun, s'opère par le phénomène de la *métonymie* (contenant et contenu, cause et effet, etc., employés l'un pour l'autre). C'est le cas pour :

- ▶ un havane (cigare de La Havane)
- ▶ un gewürztraminer (cépage alsacien)
- ▶ une golden (variété de pomme)
- ▶ un sauternes (ville de la Gironde)
- ▶ un hollande (fromage de Hollande)
- ▶ un bourgogne (vin de Bourgogne)

Dans ce cas, dit le Grevisse, « le sujet parlant ou écrivant n'a, sous-jacent dans la pensée, aucun nom générique bien précis[6] », ce qui n'est pas le cas quand on évoque une Cadillac, une Fiat, un Concorde, etc.

En cuisine, certains noms propres ont subi la même transformation et sont devenus des noms communs en acceptant l'article :

▶ une béchamel	▶ une duxelles	▶ une mornay
▶ une chantilly	▶ une julienne	▶ un savarin
▶ une charlotte	▶ une mirepoix	▶ une soubise

---

6. Maurice Grevisse, *op. cit.*, p. 267-268.

Certains de ces noms ont cependant gardé, pour des préparations particulières, la forme majuscule. Ils représentent alors une réalité culinaire différente. C'est ainsi que

> ▶ Langouste Mornay au gratin,
>   suppose une préparation particulière,
> contrairement à
> ▶ Œufs pochés à la mornay,
>   qui signifie « avec de la sauce Mornay »[7].

On aura noté que la sauce Mornay, de même que la sauce Béchamel et la crème Chantilly, retrouvent la majuscule en abandonnant l'article.

L'ORTHOGRAPHE DES DÉNOMINATIONS

Le trait d'union et la majuscule dans les dénominations

Généralement, le trait d'union est utilisé en français pour réunir les différents éléments des mots composés. Pour transformer plusieurs mots en une dénomination culinaire, on les réunit donc par un *trait d'union*. Ainsi en est-il :

• *des noms de personnes* (prénom et nom de famille) :

> ▶ Consommé Christophe-Colomb
> ▶ Crème Marie-Stuart
> ▶ Côte de veau hachée Grimod-de-la-Reynière

• *des titres* :

> ▶ Sole Lady-Egmont
> ▶ Filet de bœuf Prince-Albert
> ▶ Pêches Madame-Récamier

• *des noms propres accompagnés d'un qualificatif* :

> ▶ Œufs Belle-Hélène
> ▶ Potage Saint-Germain

---

[7] David Atkinson, *Menu French*, Oxford, Pergamon Press, 1980, p. 19.

- *des noms communs accompagnés d'un qualificatif* :

> ▶ Bombe Dame-Blanche
> ▶ Truite Belle-Meunière

Comme on aura pu le constater, tous les mots qui constituent une dénomination composée prennent la *majuscule*, qu'il s'agisse de noms communs, de qualificatifs, de titres ou de fonctions. On aura constaté également que toutes ces dénominations sont dédicatoires.

LA LOCUTION PRÉPOSITIONNELLE « À LA » ET SON UTILISATION DANS LES MENUS

Beaucoup de dénominations de plats sont formées à partir de la locution prépositionnelle « à la », qui est une forme elliptique de l'expression « à la manière », « à la façon » :

> ▶ Coquille Saint-Jacques à la (façon, manière) parisienne

La forme elliptique correspond à un besoin d'économie dans la communication qui tend à rendre le message le plus court possible, tout en gardant à celui-ci un maximum d'intelligibilité.

Peut-on supprimer « à la » ?

Certains rédacteurs de menus vont cependant plus loin et suppriment purement et simplement la locution prépositionnelle, ce qui entraîne dans certains cas des aberrations grammaticales telles que :

> ▶ Chou-fleur *polonaise*
> ▶ Brocoli *milanaise*
> ▶ Tournedos grillé *forestière*
> ▶ Carré d'agneau *provençale*

(substantifs masculins accompagnés d'un adjectif féminin).

Pour rétablir la correction grammaticale, il faut réintroduire la locution « à la » et écrire :

> ▶ Chou-fleur *à la* polonaise
> ▶ Brocoli *à la* milanaise
> ▶ Tournedos grillé *à la* forestière
> ▶ Carré d'agneau *à la* provençale[8]

---

8. Pour une liste détaillée des dénominations culinaires utilisant la forme « à la », se référer à l'annexe II.

On trouve également, dans certains menus :

▶ Tomates provençale
▶ Cuisses de grenouilles bordelaise

(substantifs au pluriel, adjectifs au singulier)

Les préparations « à la provençale » ou « à la bordelaise » étant des préparations particulières, il n'est pas possible non plus de corriger l'erreur grammaticale en accordant l'adjectif avec le nom :

▶ Tomates provençales

Car en rétablissant ainsi l'orthodoxie grammaticale où l'adjectif qualificatif s'accorde en genre et en nombre avec le nom ou le pronom auquel il se rapporte, on introduirait en effet une *erreur gastronomique*, « Tomates provençales » ne correspondant pas à la réalité culinaire de « Tomates à la provençale ».

Pour éviter à la fois l'erreur grammaticale et l'hérésie gastronomique, il ne reste plus qu'à réintroduire la locution prépositionnelle :

▶ Tomates *à la* provençale
▶ Cuisses de grenouilles *à la* bordelaise[9]

L'exception

Dans un seul cas, celui du substantif féminin singulier, on peut, si on le désire, supprimer complètement la locution prépositionnelle dans une dénomination culinaire, sans provoquer une erreur grammaticale ou culinaire :

▶ Salade viennoise
▶ Sole meunière
▶ Choucroute alsacienne
▶ Quiche lorraine
  etc.

---

9. Est-il nécessaire de souligner que l'adjectif qui suit la locution prépositionnelle « à la » doit, en tant qu'adjectif, garder son initiale minuscule ?

Dans tous ces cas, substantif et adjectif s'accordent, comme on le voit, en genre et en nombre. La grammaire est ici respectée et le message gastronomique, même tronqué, persiste dans la forme féminine (viennoise, alsacienne, etc.) de l'adjectif [10].

Autres utilisations de «à la»

On trouve également la forme «à la», beaucoup plus rarement cependant, en relation avec un nom propre :

> ▶ Croûte aux bananes à la Beauvilliers
> ▶ Tournedos à la Gouffé
> ▶ Sole à la Dugléré

Dans ces cas, il s'agit de références à de très grands Chefs du XVIIIe (Beauvilliers) et du XIXe siècle (Gouffé et Dugléré), qui ont attaché leur nom à ces préparations. La forme «à la» signifie ici «dans le style, à la façon» de l'un ou de l'autre de ces maîtres de la gastronomie restauratrice.

Par ailleurs, la forme «à la» est également abondamment utilisée pour signifier «cuisiné avec», «accompagné de», «parfumé à» comme dans :

> ▶ Lapin à la moutarde
> ▶ Épinards à la crème
> ▶ Truite à la gelée d'estragon
> ▶ Sabayon à l'asti
> ▶ Fraises à la fine champagne
>   etc. [11]

LE MENU ET LA PONCTUATION

La virgule et son rôle

L'habitude d'accompagner les dénominations de plats d'explications supplémentaires a entraîné la nécessité d'utiliser une ponctuation. Et s'il n'est pas d'usage de se servir du point [12], il est nécessaire d'utiliser

---

[10]. Nous avons essayé de tenir exceptionnellement compte de ce qu'il est convenu d'appeler *l'usage*, qui a en quelque sorte figé ces dénominations sous cette forme elliptique, dans la mesure où la correction grammaticale était respectée.

[11]. Pour une liste plus complète de ces formes, se référer à l'annexe II.

[12]. Chaque dénomination de plat constitue un titre.

la *virgule* pour distinguer certaines parties, et notamment dans le cas où le plat comporte des accompagnements :

> ▶ Saumon frais grillé au fenouil, beurre à l'échalote

Ici, la virgule permet l'économie de « accompagné de ».

Dans le cas de dénominations plus élaborées, genre nouvelle cuisine :

> ▶ Soupe froide de yogourt, concombre et chair de crabe

ou cuisine contemporaine :

> ▶ Conjugaison de ris de veau, épinards, amandes fumées, estragon et polenta, sauce cabernet

la virgule remplit le même rôle que dans tout autre texte écrit : elle sépare les éléments semblables (sujets, compléments, épithètes, attributs) non unis par une conjonction de coordination.

La virgule sert également à séparer tout élément ayant une valeur purement explicative :

> ▶ Aiguillettes de canard au vinaigre de miel, garnies de mangues ou de poires, en saison

Elle serait également très utile pour remplacer l'usage, pompeux et désuet, le plus souvent sans véritable sens, de l'adjectif possessif :

> ▶ Dos d'agneau à la provençale au jus de menthe et *ses* beignets de gousse d'ail
> ▶ Noix de Saint-Jacques, *leurs* tripes à l'aligoté, matignon de légumes aux peaux de canard
> ▶ Pigeon, *son* flan cuit au bouillon de racines, *sa* cuisse en gâteau de tapioca

ce qui donnerait :

> ▶ Dos d'agneau à la provençale au jus de menthe, beignets de gousse d'ail
> ▶ Noix de Saint-Jacques, tripes à l'aligoté, matignon de légumes aux peaux de canard
> ▶ Pigeon, flan cuit au bouillon de racines, cuisse en gâteau de tapioca

LE MENU ET LES MOTS ÉTRANGERS

Généralités

On trouve dans les menus nombre de mots ou de noms propres étrangers sur l'orthographe desquels il existe des divergences. On rencontre ainsi différentes versions d'un même mot[13] :

> - cari, carri, currie, kari
> - cola, kola
> - Demidoff, Demidov
> - goulache, goulasch, gulyas
> - kougelhof, kouglof, kugelhopf
> - pilaf, pilau, pilaw
> - pouding, pudding
> - quiche, kiche
> - Romanoff, Romanov
> - yaourt, yoghourt

Le bon sens voudrait, dans tous ces cas, que l'on s'en tienne à une seule graphie et qu'on l'utilise ainsi dans tous ses menus.

Les mots italiens et les autres

Dans la cuisine contemporaine, que certains appellent *cuisine-fusion*, apparaissent de plus en plus de mots (et de mets) venus d'ailleurs. C'est particulièrement le cas des mets italiens utilisés dans leur formulation d'origine, ce qui introduit bien des hérésies de rédaction.

C'est ainsi que des noms comme cannelloni, ravioli, scampi, spaghetti, vermicelli sont des mots italiens *au pluriel* et ne doivent donc jamais prendre un «s» quand ils sont employés dans les menus en français. Cependant, l'adjectif qui se rapporte à ces noms prendra, lui, la marque du pluriel :

> - Scampi *frits*

En français, la tendance est par ailleurs de considérer ces mots comme des collectifs et de les utiliser au singulier :

> - Consommé au macaroni
> - Consommé au vermicelle

---

13. David Atkinson, *op. cit.*, p. 22.

Ravioli, par contre, conserve son sens pluriel :

> ▶ Consommé aux ravioli

Tous les noms italiens utilisés dans les menus en français, et pertinemment les pâtes, ne prennent toutefois pas systématiquement la marque du pluriel en *i*. Citons, pour exemple : farfalle, linguine, tagliatelle, fettuccine, penne, etc.[14]

Soulignons, dans le même ordre d'idées, et comme le fait remarquer Atkinson[15], l'orthographe, rarement respectée, d'un plat italien très populaire. On trouve ainsi très souvent :

> ▶ Spaghetti à la bolognese
> ou
> ▶ Spaghetti à la bolognaise

Les deux formes sont incorrectes : la première parce qu'elle francise une dénomination italienne (spaghetti bolognese), l'autre parce qu'elle est hybride et incorrecte en français comme en italien. La forme correcte est :

> ▶ Spaghetti à la bolonaise

Nous estimons que cette forme lexicale est la seule correcte, même si le *Larousse gastronomique* (1996) et le *Bibliorom Larousse* (1996) listent « sauce bolognaise ».

Le pluriel des pâtes dans leur orthographe italienne

Si l'on veut utiliser les noms des pâtes dans leur orthographe italienne, il faudra se souvenir que :

1- Les noms se terminant au singulier par un « a » sont généralement du genre *féminin* et forment à ce titre leur pluriel en « e » :

singulier	pluriel
▶ linguina	linguine
▶ fettuccina	fettuccine
▶ farfalla	farfalle
etc.	etc.

---

[14] On trouvera à l'annexe V une liste des principales pâtes dans leur orthographe italienne, au singulier et au pluriel.
[15] David Atkinson, *op. cit.*, p. 23.

2- Quant à tous les autres, qui sont généralement du genre *masculin*, ils forment leur pluriel en « i » :

singulier	pluriel
▶ spaghetto	spaghetti
▶ raviolo	ravioli
▶ cannellone	cannelloni
etc.	etc.[16]

Express ou espresso ? Cappuccino ou capucino ?

Par ailleurs, si le menu propose un café fait à la vapeur à l'aide d'un percolateur, il s'agit d'un *café express*, d'un *express* tout court, ou encore d'un express serré (fort) selon le Robert. Si on veut lui garder sa graphie italienne, on écrira : un *espresso*. Quant au « café au lait mousseux saupoudré de cacao » orthographié *capucino* par le Lexis, sa graphie italienne est cappuccino. C'est cette dernière orthographe que nous recommandons, étant donné que la forme francisée semble peu répandue[17].

En tout état de cause, il est à conseiller, dans les menus où apparaissent des termes italiens, de choisir *ou* l'orthographe italienne *ou* l'orthographe française, et de s'y tenir tout au long de l'écrit. C'est le recours tantôt à l'une, tantôt à l'autre de ces formes, qu'il faut éviter.

C'est bien sûr également le cas pour tout autre mot étranger utilisé dans un menu en français, comme par exemple actuellement le très populaire *sushi*, les *pastilla*, *salsa*, *gaspacho*, *tempura*, *carpaccio*, *risotto*, *sashimi* et autres *waterzoï*.

LE MENU ET L'ACCORD DES MOTS À COMPLÉMENT

Au moment de faire l'accord des mots à complément, le rédacteur du menu est souvent perplexe. Faut-il écrire, dans le cas où le nom est au *pluriel* :

Queues de langoustin*e* ou Queues de langoustin*es* ?

Cuisses de grenouill*e* ou Cuisses de grenouill*es* ?

La même question se pose quand le nom est au singulier :

Mousse de pétoncl*e* ou Mousse de pétoncl*es* ?

---

[16]. Voir à ce propos l'annexe V : « Petite liste des pâtes alimentaires et leur orthographe italienne ».

[17]. Nous n'avons trouvé, pour notre part, le mot *capucino* que dans le seul *Dictionnaire de la langue française Lexis*, Paris, Larousse, 1989, p. 270.

Le nom est au pluriel

Si le *nom est au pluriel*, le complément, construit avec *à* ou *de*, se met *au singulier* ou *au pluriel* selon qu'il éveille « l'idée d'un seul être ou objet ou de plusieurs[18] ». En d'autres termes, le complément se met au singulier s'il désigne l'*espèce*, la *classe* en général ou la *matière*, comme c'est le cas dans les exemples suivants :

> ▶ Côtelettes d'agneau
> ▶ Suprêmes de volaille
> ▶ Rognons de veau, de bœuf
> ▶ Pieds de porc

Par contre, le complément devrait toujours apparaître au *pluriel* si c'est l'idée d'une pluralité qui domine (les éléments peuvent se compter ou sont en grand nombre) :

> ▶ Tartelettes aux cerises
> ▶ Croquettes d'épinards
> ▶ Canapés aux champignons
> ▶ Fonds d'artichauts
>   etc.

Dans le cas de Queues de langoustines et de Cuisses de grenouilles, c'est donc bien Queues de *langoustines* et Cuisses de *grenouilles* qu'il faut écrire.

Le nom est au singulier

Si le *nom est au singulier*, on peut encore se référer à la même règle du *Bon usage*. Dans ce cas également, on utilisera le *singulier* pour le complément, lorsque celui-ci désigne l'espèce ou la matière :

> ▶ Blanquette de veau
> ▶ Pâté de lapin
> ▶ Mousse de foie gras
> ▶ Tarte au citron
>   etc.

---

18. Maurice Grevisse, *Le bon usage*, Paris-Gembloux, Duculot, 1980, p. 206-208.

Toutefois, lorsque l'idée *d'une pluralité* domine, il serait bon d'opter pour un *complément au pluriel*, ce qui semble logique dans la plupart des cas :

- ▶ Mousse de pétoncles
- ▶ Pâte d'amandes
- ▶ Coulis de framboises
- ▶ Purée de pommes de terre, de marrons
- ▶ Velouté d'asperges
  etc.

« DE » OU « À » ?

On rencontre très souvent, dans les menus, des formes comme *beurre d'ail*, *crêpe de poisson*, *vinaigrette de truffes*, *soupe de tortue*, etc.

Dans tous ces cas, la préposition *de* est inadéquate. Elle n'est pertinente, en effet, que dans les seuls cas où le complément désigne la *matière*, la *substance de base* ou l'*ingrédient principal du plat*, comme c'est le cas pour :

- ▶ Compote de poires
- ▶ Crêpe de sarrasin
- ▶ Beurre d'arachides, de cacao

Par contre, lorsqu'il s'agit de désigner un *parfum*, une *garniture* ou un *ingrédient*, on utilisera la préposition *à* avec l'article défini approprié (à la, au, aux) :

- ▶ Beurre à l'échalote, à l'ail, à l'anis, etc. (parfum)
- ▶ Tarte aux fraises (garniture)
- ▶ Soufflé aux épinards (ingrédients)
- ▶ Soupe aux truffes noires, aux moules, à la tortue, etc. (ingrédients)

Dans tous les cas, l'accord et la construction des mots à complément demandent de la réflexion, du bon sens et aussi une compréhension claire du plat que l'on veut décrire. Toutes qualités qui font appel à la compétence et au professionnalisme du vrai Chef.

HORS-D'ŒUVRE, AMUSE-BOUCHE
ET AUTRES CHAUSSE-TRAPPES

L'orthographe, nous explique le Grévisse, «est l'art d'écrire les mots d'une langue de la manière considérée comme la seule correcte».

À ce titre, l'orthographe des menus comporte, pour le rédacteur, nombre de chausse-trappes.

C'est ainsi qu'il faut se souvenir que :

▶ *hors-d'œuvre* ne prend jamais la marque du pluriel : des *hors-d'œuvre*, et toujours un trait d'union ;

▶ *amuse-bouche* et *amuse-gueule* sont dans le même cas : des *amuse-gueule*, des *amuse-bouche*.

Par contre, *amuse-papilles* prend toujours la marque du pluriel.

De son côté, l'*échalote*, cette liliacée aimée des cuisiniers, ne comporte qu'un seul *t*, contrairement à *carotte* qui, elle, en prend deux.

Quant au *chateaubriand*, il s'orthographie sans accent circonflexe s'il se termine par un *d*, mais s'en coiffe quand il se termine par un *t* : un *châteaubriant*.

Et si le menu propose un gâteau et non une plante, il faudra écrire *millefeuille* (gâteau de pâte feuilletée) et non pas *mille-feuille* (une des espèces d'achillée).

Finalement, rappelons que les *guillemets* et les *parenthèses* n'ont pas leur place dans un menu. Les uns comme les autres sont des signes typographiques employés pour isoler un mot ou un groupe de mots (par exemple une citation) ou pour séparer du reste de l'énoncé une remarque accessoire qui s'écarte du sujet principal. Deux situations qui ne devraient jamais se présenter dans un menu dont l'un des objectifs premiers est d'informer le client rapidement et avec précision.

*Ci-contre, Déjeuner offert
par Louis-Philippe à la reine
Victoria en forêt d'Eu
le 6 septembre 1843.*

CHAPITRE IV
LES VINS ET LE MENU

LE MENU DE GALA ET LES VINS

Il arrive que les vins figurent au menu à l'occasion, par exemple, des repas de gala ou des banquets. Ils sont alors le plus souvent indiqués en regard des plats qu'ils accompagnent, comme c'est le cas dans le menu du banquet offert à l'explorateur H. M. Stanley le 20 janvier 1890 par le gouvernement égyptien, présenté à la page suivante.

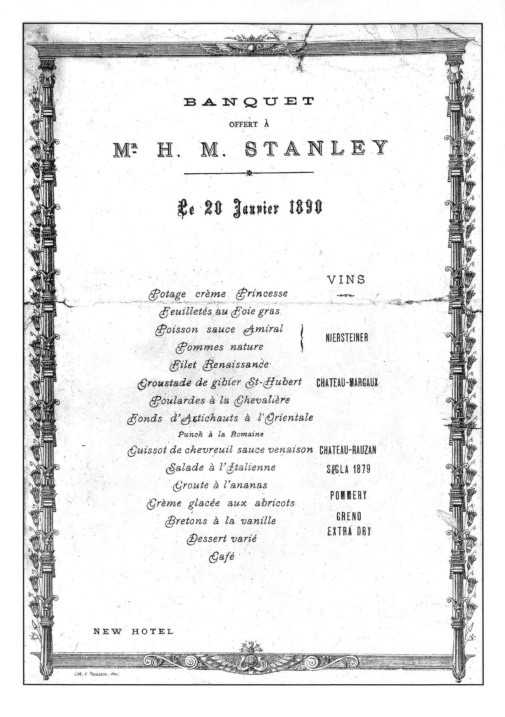

BANQUET

OFFERT À

Mᵣ H. M. STANLEY

Le 20 Janvier 1890

VINS

Potage crème Princesse
Feuilletés au Foie gras
Poisson sauce Amiral
Pommes nature   NIERSTEINER
Filet Renaissance
Croustade de gibier St-Hubert   CHATEAU-MARGAUX
Poulardes à la Chevalière
Fonds d'Artichauts à l'Orientale
Punch à la Romaine
Cuissot de chevreuil sauce venaison CHATEAU-RAUZAN
Salade à l'Italienne   SEGLA 1879
Croute à l'ananas
Crème glacée aux abricots   POMMERY
Bretons à la vanille   GRENO
Dessert varié   EXTRA DRY
Café

NEW HOTEL

On les trouve également, en fin de menu cette fois, à l'occasion de repas protocolaires comme celui offert en 1903 par le président de la République française au roi Edouard VII d'Angleterre[1] :

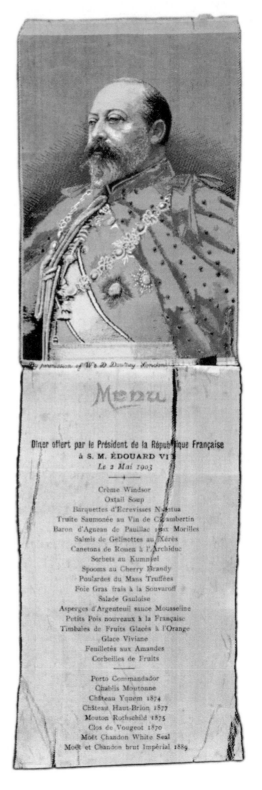

Menu

Dîner offert par le Président de la République Française
à S. M. ÉDOUARD VII
Le 2 Mai 1903

Crème Windsor
Oxtail Soup
Barquettes d'Ecrevisses Nantua
Truite Saumonée au Vin de Chambertin
Baron d'Agneau de Pauillac aux Morilles
Salmis de Gelinottes au Xérès
Canetons de Rouen à l'Archiduc
Sorbets au Kummel
Spooms au Cherry Brandy
Poulardes du Mans Truffées
Foie Gras frais à la Souvaroff
Salade Gauloise
Asperges d'Argenteuil sauce Mousseline
Petits Pois nouveaux à la Française
Timbales de Fruits Glacés à l'Orange
Glace Viviane
Feuilletés aux Amandes
Corbeilles de Fruits

Porto Commandador
Chablis Moutonne
Château Yquem 1874
Château Haut-Brion 1877
Mouton Rothschild 1875
Clos de Vougeot 1870
Moët Chandon White Seal
Moët et Chandon brut Impérial 1889

1. Menu sur soie de la collection Moët et Chandon.

Les vins figurent aussi au menu du déjeuner offert par l'empereur Hiro-Hito aux chefs d'État pendant le sommet du G7 de Tokyo en mai 1986[2] :

Dîner

du 13 mai 1986

Consommé Profiterole

Langouste Frite à l'Anglaise

Poularde Rôtie Cressonnière

Salade de Saison

Bavarois aux Fruits

Dessert

Bernkasteler Doktor 1982

Château Latour 1978

Moët et Chandon, Dom Pérignon 1976

2. Collection Moët et Chandon.

Comme on l'aura remarqué, la place et l'ordre de présentation des vins dans les exemples cités ne suivent manifestement pas de règles précises.

Cependant, pour les vins comme pour les plats proposés par le menu, la clarté et la précision des informations ajoutent à la qualité de ce dernier.

Pour la *précision* et aussi pour la *légalité* des informations, on se basera sur les indications que porte l'étiquette de la bouteille.

Par contre, celle-ci ne pourra servir utilement pour indiquer *l'ordre de présentation* dans lequel les informations devraient logiquement paraître dans un menu.

Pour donner à ces dernières un ordre de présentation systématique, il est recommandé de les présenter de la façon proposée ci-dessous[3].

ORDRE DE PRÉSENTATION DES VINS

- ▶ **En premier lieu**, on indiquera le terme qui dénomme le vin de la façon la plus précise et la plus connue : cru, château, château classé, appellation, marque déposée, cépage.
- ▶ **En second lieu**, on indiquera les initiales (a.c. ou a.o.c.) du classement légal du vin.
- ▶ **En troisième lieu**, on précisera le millésime, s'il y a lieu.
- ▶ **En quatrième lieu**, on mentionnera le prénom et le nom du négociant ou du viticulteur (producteur ou coopérative).

Exemples

Cru
- ▶ *Nuits-Saint-Georges, Ier cru, a.c., « Clos de la Maréchale », 1994, J. Faiveley*

Château
Château Bellegarde, Bordeaux, a.c., 1997, Borie Manoux

Château classé
- ▶ *Château Beychevelle, St-Julien, a.c., 1989, Société Civile de Beychevelle*

Appellation communale
- ▶ *Gevrey-Chambertin, a.c., 1983, Bouchard Père et Fils*

Appellation régionale
- ▶ *Côtes-du-Rhône, a.c., Guigal*

Marque déposée
- ▶ *Pisse-Dru, Beaujolais, a.c., 1997, Noémie Vernaux*

[3.] Ordre de présentation recommandé par les professeurs de l'Institut de tourisme et d'hôtellerie du Québec à Montréal.

De plus, toute précision se trouvant sur l'étiquette qui pourrait informer sur les *qualités gustatives* particulières du vin, devrait être mentionnée.

Exemples
- ▶ Alsace : *Sélection de grains nobles Vendanges tardives*
- ▶ Allemagne : *Eiswein*
- ▶ États-Unis : *Icewine*
- ▶ Italie : *Superiore, Classico, Reserva*

L'ordre de présentation proposé à la page 47 est le même, qu'il s'agisse de vins français, italiens ou espagnols.

Exemple d'Italie
- ▶ *Barbera d'Alba, d.o.c., 1991, Fontanafredda*

Exemple d'Espagne
- ▶ *Penedès, d.o., 1992, Hacienda Monasterio*

CAS PARTICULIERS

Pour les vins d'*Alsace,* d'*Allemagne* et des *États-Unis*, on indiquera le *cépage* en premier lieu.

Exemple d'Alsace
- ▶ *Riesling, Cuvée Emile Wilm, Alsace, a.c., 1990, Wilm*

Exemple d'Allemagne[4]
- ▶ *Riesling, Mosel-Saar-Ruwer, Q.M.P., Kabinett, Ayler Kupp, Arthur Hallgarten GmbH*

Exemple des États-Unis
- ▶ *Fumé blanc, Napa Valley, 1995, Robert Mondavi Winery*

Quant aux vins de *Champagne*, on mentionnera en premier lieu la *marque*, puis la *cuvée*, le *goût* (brut, extra sec, sec, etc.) et le millésime, s'il y a lieu.

Exemple de Champagne
- ▶ *Moët et Chandon, brut impérial, Champagne*

Finalement, si le vin est servi en *magnum*, il faut l'indiquer, de même s'il a été décanté s'agissant d'un vin rouge.

---

[4]. Pour les vins d'Allemagne, il faut indiquer la sous-catégorie dans les Q.M.P. (Qualitätswein mit Prädikat) : Kabinett, Spätlese, Auslese, Beerenauslese, Trockenbeerenauslese.

Duo de crustacés des îles Mingan,
sauce homardine

Velouté de citrouille et têtes de violon

Canard du lac Brome, sauce à la lie de cidre
et cœurs de quenouilles étuvés au beurre

Parfait glacé à l'érable Léonard-Gagnon

CHAPITRE V
LA CRÉATION
DES DÉNOMINATIONS CULINAIRES

COMMENT CRÉE-T-ON DES DÉNOMINATIONS?

Comme on l'a vu, les dénominations de la cuisine classique sont essentiellement créées à partir de

la forme dédicatoire:
- ▶ Côtelette d'agneau *Talleyrand*
- ▶ *Œufs mollets Washington*

ou de

la locution prépositionnelle «à la»:
- ▶ Poularde *à la* toscane
- ▶ Pommes *à la* vapeur
- ▶ Fèves fraîches *à la* sarriette
- ▶ Tournedos *à la* Gouffé

Un des critères qui fondent le choix d'une dénomination nouvelle, quelle que soit sa forme, est évidemment celui de la création. Il faut en effet que le plat soit nouveau pour qu'on lui donne un nom qui le distinguera dorénavant des autres préparations culinaires du genre.

MÉCANISME DE CRÉATION DES DÉNOMINATIONS DÉDICATOIRES

Même si des écoles gastronomiques contemporaines mettent surtout l'accent sur les composantes du plat, rien n'interdit de penser que la forme dédicatoire restera une des dénominations caractéristiques de la cuisine. Tel Chef voudra en effet lier son nom à une de ses créations les plus populaires, tel autre cherchera à honorer une personnalité ou tout simplement un maître, tel autre voudra commémorer un événement important, un autre sera tout bonnement à court d'idées pour nommer un nouveau plat. Dans toutes ces circonstances, la forme dédicatoire permettra à chacun de nommer sa création, sans difficulté.

Le mécanisme de la formation d'une dénomination dédicatoire est, pour sa part, très simple. Il suffit d'accoler au nom du mets le nom de la personne ou de l'événement qu'on a choisi de distinguer par cette dédicace. On pourrait ainsi *créer* (et *nommer*) des plats comme :

- ▶ Soufflé Glenn-Gould (pianiste canadien)
- ▶ Consommé Gérard-Delage (gastronome québécois)
- ▶ Carré d'agneau Confédération (Confédération canadienne, 1867)
- ▶ Dindonneau Jeux-Olympiques (Jeux Olympiques de Montréal, 1976)
- ▶ Crêpes Ville-de-Montréal
- ▶ Gâteau aux pommes Rougemont (Région de pomiculture au Québec).

COMMENT CRÉER UNE DÉNOMINATION À PARTIR DE LA FORME « À LA »

La forme « à la » est, on l'a vu précédemment, une forme elliptique de l'expression « à la manière », « à la façon », quand elle réfère à une pratique culinaire propre à certains lieux, régions et pays et à leurs spécialités gastronomiques, comme c'est le cas dans les exemples suivants :

- ▶ Langues de morue à la madrilène → à la manière madrilène (Madrid)
- ▶ Sardines à l'antiboise → à la manière antiboise (Antibes)
- ▶ Oie à l'alsacienne → à la manière alsacienne (Alsace)
- ▶ Poitrine de mouton farcie à l'ariégeoise → à la manière ariégeoise (Ariège)
- ▶ Saumon glacé à la champenoise → à la manière champenoise (Champagne)
- ▶ Crème à l'égyptienne → à la manière égyptienne (Égypte)
- ▶ Champignons à la hongroise → à la manière hongroise (Hongrie)
  etc.

Pour créer des dénominations de cette nature, c'est-à-dire qui désignent des plats préparés à la manière d'un endroit, il faut évidemment que le plat soit créé à partir des spécialités du lieu, que ce soit en termes de produits (gibier, poissons, produits maraîchers ou fruitiers, etc.), ou de spécialités culinaires locales. Un répertoire des gentilés (noms des habitants) s'avère alors très pratique.

À partir du Répertoire des gentilés, publié par la Commission de toponymie du Québec[1], qui donne la forme masculine et féminine dérivant des noms de lieux, et en tenant compte des spécialités propres à ces endroits, on peut ainsi créer des dénominations comme :

- ▶ Cuissot de chevreuil à l'anticostienne (Anticosti)
- ▶ Perdreaux à la charlevoisienne (Charlevoix)
- ▶ Truite à la matapédienne (Matapédia)
- ▶ Tourtière à la campivallensienne (Valleyfield)
- ▶ Matelote aux anguilles à la trifluvienne (Trois-Rivières)
- ▶ Friture de poulamon à la péradienne (Sainte-Anne-de-la-Pérade)
  etc.

Dans ce domaine, comme dans l'ensemble de la pratique culinaire, c'est la créativité, le jugement, le savoir-faire et l'honnêteté professionnelle du cuisinier qui guideront son choix.

---

[1]. Dugas, Jean-Yves, «Répertoire des gentilés (Noms des habitants) du Québec», Gouvernement du Québec, Commission de toponymie, *Dossiers toponymiques*, 12, 1981.

En guise de conclusion

Pour avoir enseigné la règle durant plus de vingt ans et l'avoir mise à l'épreuve pour la correction et la révision de centaines de menus durant toutes ces années, nous sommes en mesure de constater deux choses.

La première, c'est l'utilité incontestable d'une règle, basée sur les principes courants de la langue, qui assure la clarté et la précision de l'information transmise par le menu.

La deuxième, c'est l'intérêt, pour le correcteur, d'avoir à portée de main le cuisinier ou la cuisinière qui a imaginé et composé le menu. À cette condition seulement, on sera vraiment sûr de ne pas trahir, en toute bonne foi, les spécifications gastronomiques et les présentations du menu : est-ce une *préparation* ou une *garniture*? Est-ce une *sauce* ou une *préparation particulière*? S'agit-il d'*une* ou de *plusieurs* quenelles, suprêmes, aiguillettes, filets, noisettes, etc.? Dans bien des cas, la consultation précisera utilement les choses.

Soulignons à ce propos l'indispensable ressource que constituent les répertoires de David Atkinson (voir annexes I, II, III, IV) qui facilitent infiniment le travail de correction et de révision. D'une grande rigueur, ils sont indispensables chaque fois qu'il s'agit de vérifier l'orthographe des dénominations, dédicatoires ou autres, des préparations ou encore des garnitures. Car le menu, comme on l'a vu, est le reflet d'une culture et d'un savoir professionnel tels qu'il constitue une véritable banque de références culturelles et de pratiques gastronomiques. D'où l'intérêt d'un guide sûr.

Ajoutons qu'il faudra, par dessus le marché, faire constamment appel à son propre sens culinaire pour juger de la pertinence des formulations et des dénominations utilisées par le menu et pour identifier, par raisonnement, les erreurs qui s'y seraient glissées.

Ceci demande intérêt et curiosité passionnés, à la fois pour la langue et pour la gastronomie, deux formes de la convivialité qui trouvent dans le menu une occasion particulièrement heureuse pour parler à l'imagination et aux sens. Un intérêt et une curiosité qui auront mené le lecteur jusqu'à cette dernière page, ce dont nous le remercions très sincèrement.

ANNEXE I
LES NOMS PROPRES
DE LA CUISINE CLASSIQUE

LES NOMS PROPRES DE LA CUISINE CLASSIQUE*

(Les noms en italiques sont des noms de lieux.)

A

Aboukir (Abukir)
Abrantès
Adrienne
Agnès-Sorel
Ahmed (Achmet)
Aïda
Aiglon
Aigrefeuille
Ajaccio
Aladin
Alaska
Albemarle
Albignac
Albina
Albion
Albuféra
Alexandra
Alhambra
Ali-Bab
Alice
Ali-Pache (Pacha, Pasha)
Alma
Alphonse XIII
Amélie
Amphitryon
André-Theuriet
Anna
Annette
Antin
Antoinette
Apicius
Archiduc-Salvador

Arenberg
Argenteuil
Arlequin
Armenonville
Arnold-Bennett
Auber
Augier
Aumale
Aurore

B

Babinski
Bachaumont
Bagration
Balmoral
Balue
Balzac
Banville
Baron-Brisse
Bayard
Béatrix
Beaugency
Beauharnais
Beaulieu
Beaumont
Beauvilliers
Belle-Angevine
Belle-Hélène
Belle-Meunière
Bellevue
Benoît
Benoîton
Béranger
Berchoux

* Source : D. Atkinson, *Menu French*, Oxford, Pergamon Press, 1978, p. 33-38.

Bercy
Berlioz
Bernis
Bignon
Biron
Bismarck
Bizet
Boieldieu
Boitelle
Boivin
Bonaparte
Bonvalet
Boris
Boston
Bourbon
Bourdaloue
Brancas
Brébant
Breteuil
Brillat-Savarin
Brimont
Brossard
Bugey

C

Cadmus
Caillou
Cambacérès
Cambyse
Camélia
Camérani
Capitole
Carême
Carignan
Carmen
Carnavalet
Carnot
Caroline
Caruso

Carvalho
Casanova
Casimir
Castelnaudary
Castiglione
Castile
Cavour
Célestine
Cellini
Cendrillon
Cérès
Chambéry
Chambord
Champollion
Champvallon
Chantilly[1]
Chateaubriand[2]
Chatouillard
Chauchat
Châtillon
Chaville
Chavillieu
Chénier
Chérubin
Chevreuse
Chiboust
Chimay
Chivry
Choisy
Choron
Christophe-Colomb
Clamart
Clarence
Claudine
Clermont
Clo-Clo
Clotilda
Cocherel

---

[1]. Une chantilly ; une crème Chantilly (voir p. 31).
[2]. Un chateaubriand (voir p. 30).

Colbert
Colette
Colnet
Comtesse-Marie
Comtesse-de-Riguidi
Condé
Conti
Coquelin
Coquibus
Crainquebille
Crapotte
Crécy
Crepazzi
Cubat
Cussy
Custine
Cyrano

D

Dalayrac
Dame-Blanche
Darblay
Daumet
Daudet
Daumont
Dauphiné
Déjazet
Delmonico
Demidov (Demidoff)
Diane
Dino
Doria
Dreux
Du Barry
Dubois
Du Bourg
Dugléré
Dumas
Durand
Duroc
Duxelles

E

Edna-May
Edouard VII
Edwin
Élisabeth
Elysée
Esaü
Eugénie
Excelcior

F

Fanchette
Fanchon
Fanchonnette
Faubonne
Favard
Feydeau
Figaro
Fleury
Florence
Florette
Florida
Fontanges
Fontenelle
Francillon
Frascati
Freneuse

G

Garfield
Garibaldi
Georgette
Georgia
Germaine
Germiny
Gismonda
Godard
Goubaud
Gouffé
Gramont
Grand-Veneur
Grimaldi
Grimod-de-la-Reynière

H

Halévy
Helder
Hélène
Héloïse
Henri-Duvernois
Henri IV
Henrietta
Héricart
Hermione
Holstein
Hortense
Hudson
Humbert
Humboldt

I

Impéria
Irène
Irma
Irving
Isabelle
Ivanhoë

J

Jackson
Jacquard
Jacqueline
Jacques
Jean-Bart
Jeanne-d'Arc
Jeannette
Jérôme
Jessica
Jockey-Club
Joinville
Joséphine
Jubilé
Judic
Jules-Janin
Julie

Julienne
Juliette-Récamier

K

Katoff
Kléber

L

Lady-Curzon
Lady-Egmont
Lafitte
Laguipière
Lamballe
Lambertye
La-Pérousse
La-Rochelle
Lathuile
La-Vallière
La-Varenne
Léopold
Lesseps
Levasseur
Lisette
London-House
Longchamp
Longueville
Lorenzo
Lorette
Louise
Louis-Forest
Louis XIV
Louis XV
Louis XVI
Louisette
Lucullus

M

Macaire
Madame-Récamier
Madeleine
Maeterlinck
Magenta

Magny
Maillot
Maire
Malakov (Malakoff)
Malmaison
Mancini
Manon
Marengo
Margot
Marguerite
Marguery
Marianne
Maria-Stella
Marie-Antoinette
Marie-Louise
Marie-Rose
Marie-Stuart
Marigny
Marivaux
Mascotte
Masséna
Massenet
Matignon
Maximilien
Médicis
Melba
Mercédès
Messine
Metternich
Meyerbeer
Mirabeau
Miramar
Mireille
Mirette
Mistral
Moïna
Monselet
Montaigne
Mont-Blanc
Mont-Bry
Mont-Dore

Monte-Carlo
Montesquieu
Montglas
Montgolfier
Montmorency
Montpensier
Montreuil
Montrouge
Morland
Mornay
Mourier
Murat

Nana
Nanette
Nantua
Nemours
Nemrod
Nesselrode
Néva
Newburg
Nichette
Ninon
Noailles
Noël
Novello

Océan
Odette
Offenbach
Orléans
Orlov (Orloff)
Orly
Opéra
Oudinot

P

Paillard
Palmyre
Parmentier
Parmentière

Pascal
Patti
Paul-Mounet
Pélissier
Pénélope
Pépita
Périgord
Périgueux
Périnette
Pernollet
Petit-Duc
Pierre-le-Grand
Pierrot
Pilleverjus
Pithiviers
Plombières
Pojarski
Polignac
Pompadour
Pont-Neuf
Port-Royal
Porte-Maillot
Prince-Albert
Prince-Orlov (Orloff)
Princesse-Alice
Printania

Q

Quirinal

R

Rabelais
Rachel
Rambouillet
Raphaël
Réforme
Régence
Régina
Reine-Jeanne
Reine-Margot
Reine-Pédauque
Reine-de-Saba

Réjane
Renaissance
Riche
Richelieu
Riga
Rivière (Riviera)
Rivoli
Robert
Rohan
Romanov (Romanoff)
Rose-Marie
Rosière
Rossini
Rothomago
Rothschild
Rougemont
Rubens

 S

Sagan
Saint-Cloud
Saint-Flour
Saint-Germain
Saint-Honoré
Saint-Hubert
Saint-Malo
Saint-Mars
Saint-Saëns
Sainte-Alliance
Sainte-Menehould
Sans-Gêne
Sarah-Bernhardt
Savary
Savoie
Serge
Sévigné
Singapour
Solférino
Sorges
Soubise
Souvarov (Souvaroff)

Stanley
Suchet
Sully
Suzette
Sylvette

 T

Taillevent
Talleyrand
Talma
Tertillière
Thermidor
Tosca
Toscane
Tredern
Trianon
Trouville
Turbigo

 U

Uzès

 V

Valenciennes
Valençay
Valérien
Valéry
Valois

Valromey
Vatel
Vauban
Verdier
Véron
Véronique
Vichy
Victor-Emmanuel II
Victor-Hugo
Victoria
Villaret
Villars
Villeneuve
Villeroi
Visé
Voisin
Voltaire

 W

Walewska
Washington
Wladimir

X

Xavier

Y

Yvette

ANNEXE II

DÉNOMINATIONS UTILISANT LA LOCUTION PRÉPOSITIONNELLE « À LA »

- Dénominations utilisant la locution prépositionnelle «à la» dans le sens de «à la manière de», «à la façon de»

- Autres dénominations courantes utilisant la locution prépositionnelle «à la» dans le sens de *préparations*, *présentations* ou *garnitures*

DÉNOMINATIONS UTILISANT LA LOCUTION PRÉPOSITIONNELLE « À LA »[*]

Dénominations utilisant la locution prépositionnelle « à la » dans le sens de « à la manière de », « à la façon de »

A

à l'africaine	à la façon de l'Afrique
à l'agenaise	à la façon d'Agen
à l'albigeoise	à la façon d'Albi
à l'algérienne	à la façon de l'Algérie
à l'allemande	à la façon de l'Allemagne
à l'alsacienne	à la façon de l'Alsace
à l'américaine	à la façon de l'Amérique
à l'amiral	à la façon de l'amiral
à l'ancienne	à la façon d'autrefois
à l'andalouse	à la façon de l'Andalousie
à l'angevine	à la façon d'Anjou
à l'antiboise	à la façon d'Antibes
à l'anversoise	à la façon d'Anvers
à l'archiduc	à la façon de l'archiduc
à l'ardennaise	à la façon des Ardennes
à l'ariégeoise	à la façon de l'Ariège
à l'arlésienne	à la façon d'Arles
à l'armoricaine	à la façon de la Bretagne
à l'auvergnate	à la façon de l'Auvergne

B

à la banquière	à la façon des banquiers
à la basquaise	à la façon du Pays-Basque
à la batelière	à la façon des bateliers
à la bavaroise	à la façon de la Bavière
à la bayonnaise	à la façon de Bayonne
à la béarnaise	à la façon du Béarn
à la bellevilloise	à la façon de Belleville
à la bernoise	à la façon de Berne
à la berrichonne	à la façon du Berry

[*] Source : D. Atkinson, *Menu French*, Oxford, Pergamon Press, 1978, p. 39-47.

à la biarrotte	à la façon de Biarritz
à la bigourdane	à la façon de Bigorre
à la bohémienne	à la façon des Bohémiens
à la bonne-femme	à la façon de la «femme d'intérieur»
à la bolonaise	à la façon de Bologne
à la bordelaise	à la façon de Bordeaux
à la bostonnaise	à la façon de Boston
à la bouchère	à la façon du boucher
à la boulangère	à la façon du boulanger
à la bourbonnaise	à la façon de l'Île de la Réunion
à la bourgeoise	au naturel
à la bourguignonne	à la façon de la Bourgogne
à la bretonne	à la façon de la Bretagne
à la brunoise	à la façon de Brunoy
à la bruxelloise	à la façon de Bruxelles
à la brabançonne	à la façon du Brabant
à la brésilienne	à la façon du Brésil
à la bûcheronne	à la façon des bûcherons

C

à la canadienne	à la façon du Canada
à la cancalaise	à la façon de Cancale
à la canotière	à la façon des bateliers
à la cantalienne	à la façon du Cantal
à la carmélite	à la façon des carmélites
à la catalane	à la façon de la Catalogne
à la cévenole	à la façon des Cévennes
à la chablaisienne	à la façon de Chablais
à la châlonnaise	à la façon de Châlon
à la champenoise	à la façon de la Champagne
à la chanoinesse	à la façon de la chanoinesse
à la charcutière	à la façon du charcutier
à la châtelaine	à la façon du châtelain
à la chevalière	à la façon des cavaliers
à la chilienne	à la façon du Chili
à la chinonaise	à la façon de Chinon
à la comtoise	à la façon de la Franche-Comté
à la créole	à la façon des Créoles

D

à la danoise	à la façon du Danemark
à la dauphine	à la façon de la dauphine

à la dauphinoise	à la façon du Dauphiné
à la dieppoise	à la façon de Dieppe
à la dijonnaise	à la façon de Dijon
à la duchesse	à la façon de la duchesse

E

à l'écossaise	à la façon de l'Écosse
à l'égyptienne	à la façon de l'Égypte
à l'épicurienne	à la façon des épicuriens
à l'espagnole	à la façon de l'Espagne

F

à la favorite	à la façon de la favorite du roi
à la fécampoise	à la façon de Fécamp
à la fermière	à la façon des fermiers
à la financière	à la façon des financiers
à la flamande	à la façon de la Flandre
à la florentine	à la façon de Florence
à la forestière	à la façon des forestiers
à la française	à la façon de la France
à la franco-américaine	à la façon franco-américaine
à la fribourgeoise	à la façon de Fribourg

G

à la gasconne	à la façon de la Gascogne
au gastronome	à la façon des gastronomes
à la gauloise	à la façon de la Gaule
à la génoise	à la façon de Gênes
à la grand-mère	à la façon des grand-mères
à la grecque	à la façon de la Grèce
à la grenobloise	à la façon de Grenoble

H

à la hambourgeoise	à la façon de Hambourg
à la hollandaise	à la façon de la Hollande
à la hongroise	à la façon de la Hongrie
à l'hôtelière	à la façon des hôteliers
à la houblonnière	à la façon des houblonniers
à la hussarde	à la façon des hussards

I

à l'impératrice	à la façon de l'Impératrice
à l'impériale	à la façon de l'Empire
à l'indienne	à la façon de l'Inde

à l'infante	à la façon de l'Infante
à l'irlandaise	à la façon de l'Irlande
à l'italienne	à la façon de l'Italie

J

à la japonaise	à la façon du Japon
à la jardinière	à la façon du jardinier
à la juive	à la façon juive
à la jurassienne	à la façon du Jura

L

à la landaise	à la façon des Landes
à la languedocienne	à la façon du Languedoc
à la liégeoise	à la façon de Liège
à la ligurienne	à la façon de la Ligurie
à la limousine	à la façon de Limoges
à la lituanienne	à la façon de la Lituanie
à la livournaise	à la façon de Livourne
à la livonienne	à la façon de la Livonie
à la lorraine	à la façon de la Lorraine
à la lyonnaise	à la façon de Lyon

M

à la mâconnaise	à la façon de Mâcon
à la madrilène	à la façon de Madrid
à la maître d'hôtel	à la façon du maître d'hôtel
à la maltaise	à la façon de Malte
à la maraîchère	à la façon des maraîchères
à la marchande de vins	à la façon des marchands de vins
à la maréchale	à la façon de la maréchale
à la marinière	à la façon des marins
à la marocaine	à la façon du Maroc
à la marseillaise	à la façon de Marseille
à la ménagère	à la façon des ménagères
à la mentonnaise	à la façon de Menton
à la meunière	à la façon des meuniers
à la mexicaine	à la façon du Mexique
à la milanaise	à la façon de Milan
à la moldave	à la façon de la Moldavie
à la moscovite	à la façon de Moscou
à la moderne	à la façon moderne

N

à la nantaise — à la façon de Nantes
à la nantuatienne — à la façon de Nantua
à la napolitaine — à la façon de Naples
à la niçoise — à la façon de Nice
à la nivernaise — à la façon du Nivernais
à la normande — à la façon de la Normandie
à la norvégienne — à la façon de la Norvège

O

à l'occitane — à la façon de l'Occitanie
à l'occitanienne — à la façon des Occitans
à l'oranaise — à la façon d'Oran
à l'orientale — à la façon de l'Orient

P

à la parisienne — à la façon de Paris
à la parmesane — à la façon de Parme
à la paysanne — à la façon des paysans
à la pèlerine — à la façon des pèlerins
à la périgourdine — à la façon du Périgord
à la piémontaise — à la façon du Piémont
à la poitevine — à la façon du Poitou
à la polonaise — à la façon de la Pologne
à la portugaise — à la façon du Portugal
à la princesse — à la façon de la princesse
à la printanière — à la façon du printemps
à la provençale — à la façon de la Provence

R

à la reine — à la façon de la reine
à la romaine — à la façon de Rome
à la rouennaise — à la façon de Rouen
à la royale — à la façon du roi
à la russe — à la façon de la Russie

S

à la sarde — à la façon de la Sardaigne
à la sarladaise — à la façon de Sarlat
à la sarrasine — à la façon des Sarrasins
à la savoyarde — à la façon de la Savoie
à la sibérienne — à la façon de la Sibérie
à la sicilienne — à la façon de la Sicile

à la soissonnaise	à la façon de Soisson
à la strasbourgeoise	à la façon de Strasbourg
à la suédoise	à la façon de la Suède
à la suisse	à la façon de la Suisse

T

à la toscane	à la façon de la Toscane
à la toulonnaise	à la façon de Toulon
à la tourangelle	à la façon de la Touraine
à la trouvillaise	à la façon de Trouville
à la turque	à la façon de la Turquie
à la tyrolienne	à la façon du Tyrol

V

à la valentinoise	à la façon de Valence
à la vauclusienne	à la façon du Vaucluse
à la vendéenne	à la façon de la Vendée
à la vénitienne	à la façon de Venise
à la viennoise	à la façon de Vienne
à la vigneronne	à la façon des vignerons
à la villageoise	à la façon des villageois
à la vosgienne	à la façon des Vosges

Y

à la yorkaise	à la façon de York

Z

à la zingara	à la façon des Tziganes

Autres dénominations courantes utilisant la locution prépositionnelle « à la » dans le sens de *préparations, présentations* ou *garnitures* et ne prenant JAMAIS la majuscule

A
à l'aigre-doux
à l'armagnac
à l'asti
à l'aurore

B
à la bamboche
à la barigoule
à la béchamel
à la bénédictine
à la bigarade
à la bouquetière
à la broche

C
à la cardinal
à la casserole
à la chasseur
à la chipolata
à la coque
à la crapaudine
à la crème
à la cressonnière
à la croque-au-sel
à la cuiller

D
à la diable
à la diplomate
à la duxelles

E
à l'eau-de-vie
à l'écarlate

F
à la fine champagne
à la flip
à la frangipane

G
à la gelée
à la gourmande

H
à l'huile

I
à l'ivoire

M
à la macédoine
à la matelote
à la mayonnaise
à la minute
à la mirepoix
à la mode

N
à la nage
à la neige

O
à l'orange
à l'oseille

P
à la pistache
à la poêle
à la poulette
à la presse

R
à la ravigotte

T
à la tartare

V
à la vapeur
à la vinaigrette

ANNEXE III

AUTRES MÉTHODES DE CUISSON, DE PRÉPARATION ET DE PRÉSENTATION

AUTRES MÉTHODES DE CUISSON, DE PRÉPARATION ET DE PRÉSENTATION*

A

amandine
ambassadeur
ambassadrice
aux anchois
en aspic
en attereaux

B

en ballon
en ballotine
barman
en beignets
en bellevue
au beurre
au beurre blanc
au beurre fondu
au beurre maître d'hôtel
au beurre noir
au beurre noisette
bitoke
au blanc
en blanquette
au bleu
en bordure
en bordure de riz
en boulettes
en branches
en brioche
en brochettes
en buisson

C

en caisses
en caissettes
au calvados
sur canapés
capucine
au caramel
en casserole
en cassoulet
en cassoulettes
sous la cendre
sous les cendres
au chablis
au chambertin
au champagne
en chartreuse
château
en chaud-froid
en chausson
en chemise
à cheval
aux cheveux d'ange
en cheveux d'ange
en chevreuil
sur chicorée
en chiffonnade
en civet
au claret
en cocotte
commodore
en compote

---

* Source : D. Atkinson, *Menu French*, Oxford, Pergamon Press, 1978, p. 48-50.

comtesse
en coquilles
en cornets
en côtelettes
en couronne
au court-bouillon
en crépine
en crépinettes
au cresson alénois
aux crevettes
en cromesquis
en croûte
aux croûtons
sur croûtons
cultivateur
au curaçao
au currie
czarine

D

en daube
aux diablotins
demi-deuil
en douillon

E

en épigrammes
en escabèche
en estouffade

F

fleuriste
au fondant
au four
en fricassée
en fritot
au fromage
au frontignan
au fumet

G

garbure
en gâteau
sur gazon
en gélatine

en gelée
gentilhomme
en gibelotte
grand-duc
au gras
au gratin
au gril
sur le gril
au gruyère

H

hérisson
au homard

J

en julienne
au jus

K

au kirsch
au kola

L

au lambic
au lard maigre
en lorgnette

M

au macaroni
au madère
maharadjah
au maigre
marquise
au marsala
en matelote
en mayonnaise
meurette
mikado
mimosa
au miroir
miroton
mousseline

N

nature
au naturel

négresse
au nid
aux nouilles

O

aux œufs durs
en omelette

P

au pain
en pain
en pantin
en papillote
au paprika
au parfait amour
au parmesan
en pâte
en paupiettes
au persil
en petits pois
en pilaf
au pissalat
en pistache
au plat
sur le plat
poivrade
en portefeuille
au porto
au pot
en potée
en pouding
en poupeton
au praliné
en purée
à la purée de légumes
sur purée de champignons

Q

en quenelles

R

en rabotte
au rhum

au riz
au riz pilaf
en robe de chambre
en robe des champs
au roquefort

S

en salade
en salmis
au salpicon de homard
au salpicon de langouste
santé
en sauce
en sauce tomate
saxon
en soufflé
au sucre
sultane
surprise
en surprise

T

en tapioca
en terrine
en torsade
en tortue
en tranches
aux truffes
tzarine

V

au velouté
au verjus
au vermicelle
au vert
au vert-pré
au vinaigre
au vin blanc
au vin rouge
en volute

X

au xérès

ANNEXE IV
EXEMPLES DE PLATS DE LA CUISINE CLASSIQUE

EXEMPLES DE PLATS DE LA CUISINE CLASSIQUE*

A

Bombe *Aboukir*
Tournedos *Abrantès*
Sole *Adrienne*
Selle d'agneau *à l'africaine*
Œufs *à l'agenaise*
Tartelettes *Agnès-Sorel*
Tournedos *Ahmed*
Turbot *Aïda*
Ris de veau *l'Aiglon*
Coupe *à l'aigre-doux*
Œufs mignons *d'Aigrefeuille*
Consommé *Ajaccio*
Œufs *Aladin*
Omelette soufflée *Alaska*
Sole *Albemarle*
Salade *d'Albignac*
Omelette *Albina*
Consommé *Albion*
Poularde *Albuféra*
Noisettes d'agneau *Alexandra*
Tournedos *à l'algérienne*
Glace *Alhambra*
Salade *Ali-Bab*
Salade *Alice*
Consommé *Ali-Pache*
Choucroute en salade *à l'allemande*
Salade *Alma*
Sole *Alphonse XII*
Oie *à l'alsacienne*
Tartelettes *amandines*
Suprêmes de volailles *ambassadeur*

---

* Source : D. Atkinson, *Menu French*, Oxford, Pergamon Press, 1978, p. 55-69.
  Les exemples sont classés par ordre alphabétique de *préparations* et non par ordre alphabétique de la première lettre de chaque dénomination.

Potage *Ambassadeur*
Consommé *ambassadrice*
Œufs *Amélia*
Barbue *à l'américaine*
Sole *à l'amiral*
Poulet *Amphitryon*
Croûtes *aux anchois*
Carpe farcie *à l'ancienne*
Poularde *à l'andalouse*
Omelette *André-Theuriet*
Roulade d'anguille *à l'angevine*
Ragoût d'agneau *à l'anglaise*
Baron de mouton aux pommes *Anna*
Poulet sauté *Annette*
Sardines *à l'antiboise*
Suprêmes de barbue *D'Antin*
Pouding *Antoinette*
Ris de veau *à l'anversoise*
Œufs *Apicius*
Poulet sauté *archiduc*
Poulet sauté *Archiduc-Salvator*
Pâté chaud de grives à l'*ardennaise*
Pouding *Aremberg*
Œufs brouillés *Argenteuil*
Poitrine de mouton farcie *à l'ariégeoise*
Charlotte *Arlequin*
Sole *à l'arlésienne*
Bécasse *à l'armagnac*
Noisettes d'agneau *Armenonville*
Filets de sole *à l'armoricaine*
Omelette *Arnold-Bennett*
Pommes *en aspic*
Sabayon *à l'asti*
Ris de veau *en attereaux*
Œufs *Auber*
Œufs *Augier*
Sole *Aumale*
Pommes *Aurore*
Petits soufflés *à l'aurore*
Tarte *à l'autrichienne*
Queue de bœuf *à l'auvergnate*

Œufs *Babinski*

Œufs *Bachaumont*

Barquettes *Bagration*

Épaule de mouton *en ballon*

Chou vert farci *en ballotine*

Œufs *Balmoral*

Pommes *Balue*

Œufs brouillés *Balzac*

Morue *à la bamboche*

Poularde *à la banquière*

Œufs *Banville*

Artichauts *à la barigoule*

Côtelettes d'agneau *barman*

Artichauts *Baron-Brisse*

Confit d'oie *à la basquaise*

Filets de sole *à la batelière*

Ananas *à la bavaroise*

Poulet sauté *Bayard*

Canapés *à la bayonnaise*

Pot-au-feu *à la béarnaise*

Noisettes d'agneau *Béatrix*

Tournedos *Beaugency*

Carré d'agneau *Beauharnais*

Suprême de volaille *Beaulieu*

Œufs *Beaumont*

Croûtes aux bananes *à la Beauvilliers*

Clams *en beignets*

Salsifis *à la béchamel*

Poires *Belle-Angevine* glacées

Œufs *Belle-Hélène*

Truite de rivière *Belle-Meunière*

Œufs *à la bellevilloise*

Côte de veau *Bellevue*

Dinde en galantine *en bellevue*

Morue *à la bénédictine*

Filets de brochet *Benoît*

Morue *Benoîton*

Œufs *Béranger*

Truite saumonée *Berchoux*

Foie de veau *Bercy*

Barbue *à la sauce Bercy*
Œufs *Berlioz*
Œufs *Bernis*
Pommes *à la berrichonne*
Courgettes pochées *au beurre*
Brochet *au beurre blanc*
Merlan bouilli *au beurre fondu*
Chateaubriand grillé *au beurre maître d'hôtel*
Endives *au beurre noir*
Morue *au beurre noisette*
Poulet sauté *à la biarrotte*
Filets de canard *à la bigarade*
Sole *Bignon*
Omelette *à la bigourdane*
Sole *Biron*
Tournedos de bœuf *Bismarck*
Bifteck *bitoke*
Consommé *Bizet*
Bettes *au blanc*
Champignons *en blanquette*
Truite vivante *au bleu*
Faisan *à la bohémienne*
Crème *Boieldieu*
Filets de sole *Boitelle*
Poulet sauté *Boivin*
Spaghetti *à la bolonaise*
Œufs pochés *Bombay*
Sole *Bonaparte*
Ragoût d'oie *à la bonne-femme*
Œufs *Bonvalet*
Rognons de veau *à la bordelaise*
Hachis de bœuf *en bordure*
Cailles à la financière *en bordure de riz*
Filets d'esturgeon *Boris*
Potage *Boston*
Saumon fumé *à la bostonnaise*
Côtelettes de mouton *à la bouchère*
Pommes *à la boulangère*
Bœuf *en boulettes*
Maquereau *à la boulonnaise*
Baron de mouton *à la bouquetière*

Poularde de riz *Bourbon*
Ananas glacé *à la bourbonnaise*
Abricots *Bourdaloue*
Ragoût de bœuf *à la bourgeoise*
Oie *à la bourguignonne*
Tournedos *à la brabançonne*
Escalope de veau *Brancas*
Céleris *en branches*
Tournedos de bœuf *Brébant*
Filets de sole *Breteuil*
Limande *à la bretonne*
Bécasse sautée *Brillat-Savarin*
Timbale de ris d'agneau *Brimont*
Foie gras *en brioche*
Poularde de Surrey *à la broche*
Foie de veau *en brochettes*
Côtelettes d'agneau *Brossard*
Purée Conti *à la brunoise*
Omelette *à la bruxelloise*
Demi-perdreau en cocotte *à la bûcheronne*
Brochet rôti *à la mode de Bugey*
Blanchailles *en buisson*

Bombes *Cadmus*
Tête de veau *Caillou*
Cailles *en caisses*
Œufs *en caissettes*
Bécasse *au calvados*
Escalopes de foie gras *Cambacérès*
Bombe *Cambyse*
Crème *Camélia*
Charlotte *Camérani*
Saumon *à la canadienne*
Pêches *sur canapés*
Merlan *à la cancalaise*
Matelote d'anguille *à la canotière*
Pommes *à la cantalienne*
Poulet *en capilotade*
Oie en daube *Capitole*
Pouding glacé *capucine*
Abricots à l'eau-de-vie *au caramel*

Ragoût de homard *à la cardinal*
Beignets d'ananas *à la Carême*
Noisettes d'agneau *Carignan*
Cromesquis *à la carmélite*
Crème *Carmen*
Œufs *Carnavalet*
Bombe *Carnot*
Crème *Caroline*
Spaghetti *Caruso*
Rognons de mouton *Carvalho*
Salade *Casanova*
Escalopes de veau *Casimir*
Rôti de bœuf *à la casserole*
Rognons de veau *en casserole*
Œufs *en cassolettes*
Haricots blancs frais *en cassoulet*
Cassoulet de *Castelnaudary*
Filets de sole *Castiglione*
Brochet *Castile*
Épaule d'agneau *à la catalane*
Fonds d'artichauts *Cavour*
Consommé *Célestine*
Consommé *Cellini*
Crépinettes *Cendrillon*
Crème *Cérès*
Coupe glacée *à la cévenole*
Escargots *à la chablaisienne*
Moules *au chablis*
Anguille *au vin de Chablis* en gelée
Rissoles *à la chalonnaise*
Râble de lièvre *au chambertin*
Omelette *Chambéry*
Darne de saumon *Chambord*
Truite saumonée froide *au champagne*
Saumon glacé *à la champenoise*
Rognons de mouton sautés *aux champignons*
Côtelettes de mouton *Champollion*
Côtelette d'agneau *Champvallon*
Soufflé de cervelle à *la chanoinesse*
Ananas glacé *à la chantilly*
Bordure de poires *Chantilly*

Haricots blancs secs *à la charcutière*
Œufs *Chartres*
Timbale *en chartreuse*
Œufs *à la chasseur*
Pommes *château*
Bombe *Chateaubriand*
Omelette *à la châtelaine*
Œufs brouillés *Châtillon*
Pommes frites *Chatouillard*
Filets de sole *Chauchat*
Côte de veau *en chaud-froid*
Jambon *en chausson*
Œufs *Chaville*
Timbales de queues d'écrevisses *Chavillieu*
Caneton rouennais *en chemise*
Œufs *Chénier*
Barbue *Chérubin*
Clams *à cheval*
Poularde *à la chevalière*
Consommé *aux cheveux d'ange*
Carottes *en cheveux d'ange*
Filet mignon de mouton *en chevreuil*
Œufs *Chevreuse*
Cornets *Chiboust*
Œufs durs *sur chicorée*
Laitues *en chiffonnade*
Consommé *à la chilienne*
Œufs *Chimay*
Ragoût de dindonneau *à la chipolata*
Filets de sole *Chivry*
Côtelettes de mouton *Choiseul*
Omelette *Choisy*
Tournedos *Choron*
Consommé *Christophe-Colomb*
Lapin *en civet*
Baron d'agneau *Clamart*
Œufs *Clarence*
Cerises *au claret*
Alose *Claudine*
Pouding *Clermont*
Coupe *Clo-Clo*

Consommé *Clotilda*
Alose étoffée *à la mode de Cocherel*
Carré d'agneau *en cocotte*
Coquilles Saint-Jacques frites *Colbert*
Gâteau *Colette*
Consommé *Colnet*
Consommé *commodore*
Abricots *en compote*
Œufs *comtesse*
Biscuit *Comtesse-Marie*
Escargots *Comtesse-de-Riguidi*
Poularde *à la comtoise*
Cerises *Condé*
Côtelettes de chevreuil *Conti*
Œuf *à la coque*
Bombe *Coquelin*
Lapin *Coquibus*
Laitances *en coquilles à la normande*
Œufs *en côtelettes*
Brioche *en couronne*
Thon *au court-bouillon*
Pommes *Crainquebille*
Pigeonneau *à la crapaudine*
Coupe glacée *Crapotte*
Bouchées *Crécy*
Homard *à la crème*
Rissoles *à la créole*
Perdreau *en crépine* Brillat-Savarin
Langues de mouton *en crépinettes*
Beignets *Crepazzi*
Consommé *au cresson alénois*
Salade au céleri-rave *à la cressonnière*
Œufs brouillés *aux crevettes*
Œufs *en cromesquis*
Fèves *à la croque-au-sel*
Macaroni *en croquettes*
Mauviettes *en croûte*
Consommé *croûte-au-pot*
Omelette *aux croûtons*
Noisette de pré-salé *sur croûtons*
Filets de sole *Cubat*

Gigot de mouton *à la cuiller*
Potage *cultivateur*
Crème à l'anglaise *au curaçao*
Lapin sauté *au currie*
Côte de veau *Cussy*
Côte de veau *Custine*
Bombe *Cyrano*
Omelette *czarine*

Consommé *Dalayrac*
Bombe *Dame-Blanche*
Flan de cerises *à la danoise*
Potage *Darblay*
Caneton *en daube* à la gelée
Œufs *Daudet*
Consommé *Daumet*
Filets de sole *Daumont*
Rissoles *à la dauphine*
Croquettes de pommes de terre *Dauphiné*
Gratin *à la dauphinoise*
Filets de sole *Déjazet*
Homard *Delmonico*
Poularde *demi-deuil*
Ballotine de poularde *Demidov*
Poularde *Derby*
Harengs grillés *à la diable*
Consommé *aux diablotins*
Bécasse *Diane*
Filets de maquereaux *à la dieppoise*
Omelette *à la dijonnaise*
Œufs *Dino*
Filets de sole *à la diplomate*
Poularde *Doria*
Poires *en douillon*
Côte de veau *Dreux*
Carré d'agneau *Du Barry*
Sole *Dubois*
Pommes *Du Bourg*
Cailles grillées *à la duchesse*
Filet de turbot *à la Dugléré*
Noisettes de bœuf *Dumas*

Poulet sauté *Durand*
Filet mignon *Duroc*
Filets de barbue *à la duxelles*

Cerises *à l'eau-de-vie*
Velouté de volaille *à l'écossaise*
Œufs *à l'écarlate*
Coupe *Edna-May*
Consommé *Edouard VII*
Pêches *Edwin*
Crème *à l'égyptienne*
Pommes *Élisabeth*
Tournedos *Élysée*
Timbales *à l'épicurienne*
Poitrine d'agneau *en épigrammes*
Crème *Ésaü*
Morue *en escabèche*
Ballotine de poularde *à l'espagnole*
Perdreau *en estouffade*
Bombe *Eugénie*
Biscuit glacé *Excelsior*

Gâteau *Fanchette*
Mousse *Fanchon*
Bouchées *Fanchonnette*
Potage *Faubonne*
Œufs *Favart*
Filets de sole *à la fécampoise*
Rissoles *à la fermière*
Omelette *Feydeau*
Pommes *Figaro*
Ris de veau *à la financière*
Fraises *à la fine champagne*
Hochepot *à la flamande*
Langue de bœuf braisée *fleuriste*
Consommé *Fleury*
Consommé *à la flip*
Consommé *Florence*
Coquilles de saumon *à la florentine*
Consommé *Florette*

Cocktail *Florida*
Glace *au fondant*
Potage *Fontanges*
Asperges *Fontenelle*
Perdreau *à la forestière*
Petis pois *à la française*
Salade *Francillon*
Homard *à la franco-américaine*
Choux *à la frangipane*
Contre-filet *Frascati*
Épaule d'agneau *Freneuse*
Bitoke de veau *à la fribourgeoise*
Lapin *en fricassée*
Langues de mouton *en fritot*
Canapés *au fromage de Gruyère*
Melon rafraîchi *au frontignan*
Bécasse *au fumet*

Dinde en *galantine* en bellevue
Potage *garbure*
Œufs *Garfield*
Consommé *Garibaldi*
Épaule d'agneau *à la gasconne*
Petits pâtés *au gastronome*
Foie de veau *en gâteau*
Ballotine d'anguille *à la gauloise*
Rognons de bœuf *sur gazon*
Aloyau braisé *à la gelée*
Anguille au vin de Chablis *en gelée*
Potage *gentilhomme*
Œufs brouillés *Georgette*
Consommé *Georgia*
Consommé *Germaine*
Potage *Germiny*
Lapin *en gibelotte*
Bombe *Gismonda*
Ballotine de poularde *Godard*
Brioche *Goubaud*
Tournedos *à la Gouffé*
Cailles *à la gourmande*
Consommé *Gramont*

Dinde étoffée *grand-duc*
Poulet en cocotte *grand-mère*
Rognon de veau émincé *Grand-Veneur*
Potage Bagration *au gras*
Aubergines *au gratin*
Quartiers d'artichauts *à la grecque*
Truite de torrent *à la grenobloise*
Côtelettes de mouton *au gril*
Lactaires *sur le gril*
Flétan *Grimaldi*
Côte de veau hachée *Grimod-de-la-Reynière*
Rissoles *au gruyère*

Œufs *Halévy*
Bifteck *à la hambourgeoise*
Tournedos *Helder*
Rocher *Hélène*
Suprême de barbue *Héloïse*
Homard *Henri-Duvernois*
Tournedos *Henri IV*
Salade *Henrietta*
Bombe *Héricart*
Pommes *en hérisson*
Poulet sauté *Hermione*
Cabillaud *à la hollandaise*
Escalopes de veau *Holstein*
Omelette *au homard*
Champignons *à la hongroise*
Crème *Hortense*
Truite de rivière *à l'hôtelière*
Consommé *à la houblonnière*
Consommé *Hudson*
Pommes *à l'huile*
Œufs *Humbert*
Crème *Humboldt*
Truite de rivière *à la hussarde*

Bombe *impératrice*
Salade *Impéria*
Riz *à l'impératrice*

Paupiettes de saumon *à l'impériale*
Darne de cabillaud *à l'indienne*
Consommé *à l'infante*
Poire *Irène*
Ragoût *à l'irlandaise*
Salade *Irma*
Timbale *Irving*
Vol-au-vent *Isabelle*
Quartiers d'artichauts *à l'italienne*
Croûte *Ivanhoé*
Ris de veau *à l'ivoire*

Pommes *Jackson*
Poulet sauté *Jacquard*
Potage *Jacqueline*
Filets de sole *Jacques*
Tartelettes *à la japonaise*
Ris de veau *à la jardinière*
Croquettes *Jean-Bart*
Fraises *Jeanne-d'Arc*
Suprêmes de volaille *Jeannette*
Œufs *Jérôme*
Omelette *Jessica*
Œufs *Jockey-Club*
Filets de sole *Joinville*
Poulet sauté *Joséphine*
Crème *Jubilé*
Consommé *Judic*
Tournedos sauté *Jules-Janin*
Crème *Julie*
Consommé *Julienne*
Flan au fromage *Juliette-Récamier*
Carpe *à la juive*
Purée Conti *à la julienne*
Omelette *jurassienne*
Macaroni *au jus*

Poulet *Katoff*
Fruits rafraîchis *au kirsch*
Filets de turbot *Kléber*
Crème *à la kola*

L

Poulet *Lady-Curzon*

Sole *Lady-Egmont*

Poulet sauté *Lafitte*

Dartois *Laguipière*

Cailles en caisses *Lamballe*

Caneton de Rouen *Lambertye*

Carbonnades *au lambic*

Pommes *à la landaise*

Aubergines au gratin *à la languedocienne*

Poulet sauté *La-Pérouse*

Œufs brouillés *au lard maigre*

Poulet de grain sauté *Lathuile*

Omelette *La-Vallière*

Côtelettes de mouton *La-Varenne*

Consommé *Léopold*

Consommé *Lesseps*

Filets mignons *Levasseur*

Consommé *Leverrier*

Rognons de veau *à la liégeoise*

Pannequets *à la ligurienne*

Carré de porc *à la limousine*

Salade *Lisette*

Ravioli *à la lituanienne*

Rouget *à la livournaise*

Harengs *à la livonienne*

Filet de bœuf *London-House*

Potage *Longchamp*

Potage *Longueville*

Salade *Lorenzo*

Pommes *Lorette*

Merlan *en lorgnette*

Prunes flambées *à la lorraine*

Suprêmes de sole *Louise*

Gratin de reinette *Louisette*

Omelette *Louis-Forest*

Filet de bœuf *Louis XIV*

Poulet sauté *Louis XV*

Noisettes *Louis XVI*

Filets de lièvre *Lucullus*

Haricots verts *à la lyonnaise*

M

Pommes *Macaire*
Consommé *au macaroni*
Ris de veau *à la macédoine*
Œufs durs *sur macédoine de légumes*
Barbue *à la mâconnaise*
Pêches *Madame-Récamier*
Potage *Madeleine*
Jambon *au madère*
Langues de morue *à la madrilène*
Poularde *Maeterlinck*
Consommé *Magenta*
Filets de sole *Magny*
Salade *maharadjah*
Chirorée étuvée *au maigre*
Jambon *Maillot*
Fonds d'artichauts *Maintenon*
Pomme *Maire*
Pommes *à la maître d'hôtel*
Pouding *maïzena*
Potage *Malakoff*
Côtelettes d'agneau *Malmaison*
Croûte aux bananes *à la maltaise*
Poulet *Mancini*
Crème *Manon*
Carré d'agneau *à la maraîchère*
Entrecôte grillée *à la marchand de vins*
Côte de veau *à la maréchale*
Veau *Marengo*
Turbotin *Margot*
Pêches *Marguerite*
Filets de sole *Marguery*
Œufs *Marianne*
Carottes *Maria-Stella*
Poulet *Marie-Antoinette*
Crème *Marie-Louise*
Crevettes *Marie-Rose*
Crème *Marie-Stuart*
Potage *Marigny*
Ragoût *à la marinière*
Filets de sole *Marivaux*

Noisettes de mouton *à la marocaine*
Punch *marquise*
Bouillabaisse *à la marseillaise*
Filets mignons *à la mascotte*
Tournedos *Masséna*
Œufs brouillés *Massenet*
Anguille d'eau douce *à la matelote*
Barbeau *en matelote*
Filet de bœuf *Matignon*
Omelette *Maximilien*
Coquillettes *à la mayonnaise*
Coquilles Saint-Jacques *en mayonnaise*
Bombe *Médicis*
Coupe d'abricots *Melba*
Coquilles *à la ménagère*
Courgettes *à la mentonnaise*
Consommé *Mercédès*
Consommé *Messine*
Tartelettes *Metternich*
Darne de saumon *à la meunière*
Matelotte d'anguille *meurette*
Côtelettes d'agneau *à la mexicaine*
Œufs *Meyerbeer*
Salade *mikado*
Choux de Bruxelles *à la milanaise*
Œufs *mimosa*
Salmis de canard sauvage *à la minute*
Entrecôte *Mirabeau*
Homard *Miramar*
Poulet sauté *Mireille*
Soufflé de volaille *à la mirepoix*
Œufs *Mirette*
Œufs *miroir*
Bœuf *miroton*
Omelette *Mistral*
Côte de bœuf froide *à la mode*
Ballotine d'agneau *à la moderne*
Rouget *à la moëlle*
Filets de sole *Moïna*
Perdreau *à la moldave*
Carré d'agneau *Monselet*

Tournedos *Montaigne*
Coupe *Mont-Blanc*
Cailles en caisses *Mont-Bry*
Pommes *Mont-Dore*
Consommé *Monte-Carlo*
Consommé *Montesquieu*
Bouchées *Montglas*
Sole *Montgolfier*
Bordure de riz *Montmorency*
Noisettes d'agneau *Montpensier*
Filets de sole *Montreuil*
Escalopes de foie gras *Montrouge*
Côte de veau *Morland*
Coquilles de cabillaud *Mornay*
Asperges blanches *à la sauce Mornay*
Bettes *à la mornay*
Petits pâtés *à la moscovite*
Poires glacées *Mourier*
Quenelles de brochet *mousselines*
Filets de sole *Murat*
Épaule de mouton *en musette*

Homard *à la nage*
Tomates farcies *Nana*
Beignets *Nanette*
Rouget *à la nantaise*
Barquettes d'huîtres *Nantua*
Timbales *à la nantuatienne*
Côte de veau *à la napolitaine*
Pommes *nature*
Poitrine de mouton grillée *au naturel*
Pommes *négresses*
Œufs *à la neige*
Consommé *Nemours*
Consommé *Nemrod*
Biscuit glacé *Nesselrode*
Poularde *Néva*
Homard *Newburg*
Noisettes d'agneau *Nichette*
Médaillons d'anchois *à la niçoise*
Cailles *au nid*

Canapés *Ninon*
Œufs mignons *à la nivernaise*
Filets mignons *Noailles*
Bûche de *Noël*
Velouté de crevettes *à la normande*
Bananes *à la norvégienne*
Ballotine de poularde *aux nouilles*
Tournedos *Novello*

Morue *à l'occitane*
Fruits rafraîchis *à l'occitanienne*
Bouillabaisse *de l'Océan*
Bombe *Odette*
Canapés *aux œufs durs*
Œufs brouillés *Offenbach*
Huîtres *en omelette*
Charlotte *Opéra*
Aubergines *à l'oranaise*
Mousse glacée *à l'orange*
Carré de mouton *à l'orientale*
Consommé *Orléans*
Noisettes *Orlov*
Filets de truite *Orly*
Fricandeau d'esturgeon *à l'oseille*
Œufs *Oudinot*

Paupiettes de sole *Paillard*
Consommé *au pain*
Chicorée *en pain*
Soufflé *Palmyre*
Filets de sole *à la panetière*
Pâté chaud de saumon *en pantin*
Rouget *en papillote*
Haddock *au paprika*
Fromage bavarois *au parfait amour*
Allumettes *à la parisienne*
Côte de veau *Parmentier*
Filets de sole *Parmentière*
Consommé *à la parmesane*
Soufflé *au parmesan*

Pommes *Pascal*
Vacherin avec couronne *en pâte d'amandes*
Suprêmes de poulet *Patti*
Côtelettes d'agneau *Paul-Mounet*
Merlan *en paupiettes*
Céleri-rave farci *à la paysanne*
Turbot *à la pèlerine*
Noisettes *Pellissier*
Pêches *Pénélope*
Consommé *Pépita*
Poulet sauté *Périgord*
Chaussons *à la périgourdine*
Croquettes de fois gras *à la sauce Périgueux*
Côtelettes d'agneau *Périnette*
Salade *Pernollet*
Carpe à la juive *au persil*
Mou de veau *à la persillade*
Poulet sauté *Petit-Duc*
Asperges *en petits pois*
Risotto *à la piémontaise*
Potage *Pierre-le-Grand*
Aiguillettes de sole *Pierrot*
Filets de sole *en pilaf*
Côte de porc *Pilleverjus*
Tourte d'anchois *au pissalat*
Glace *à la pistache*
Épaule de mouton *en pistache*
Gâteau de *Pithiviers*
Sardines *au plat*
Barbue *sur le plat*
Glace *Plombières aux marrons*
Bifteck *à la poële*
Betteraves *à la poitevine*
Côtelettes de chevreuil *poivrade*
Côtelettes de saumon *Pojarski*
Œufs *Polignac*
Hachis de bœuf *à la polonaise*
Darne de saumon *au pommard*
Côtelettes de mouton *Pompadour*
Pommes frites *Pont-Neuf*
Côtelettes de mouton *en portefeuille*

Baron d'agneau *Porte-Maillot*
Caneton rouennais *au porto*
Harengs *à la portugaise*
Poularde *au pot*
Salade *Port-Royal*
Jambonneau *en potée*
Pieds de mouton *à la poulette*
Semoule *en pouding*
Tête de veau *en poupeton*
Crème glacée *au praliné*
Chou de printemps *à la presse*
Filet de bœuf *Prince-Albert*
Faisan *Prince-Orlov* à la gelée
Petits soufflés *à la princesse*
Consommé *Princesse-Alice*
Tartelettes *Printania*
Navarin de mouton *printanier*
Sauté d'agneau *à la printanière*
Tomates sautées *à la provençale*
Céleri-rave *en purée*
Œufs durs *sur purée de champignons*

Tournedos *Quirinal*

Tourte froide d'anguille *Rabelais*
Poires *en rabotte*
Œufs *Rachel*
Consommé *Rambouillet*
Salade *Raphaël*
Filets de maquereau *à la ravigote*
Côtelettes d'agneau *Réforme*
Cassolettes *Régence*
Tartelettes *Régina*
Dartois *à la reine*
Consommé *Reine-Jeanne*
Œufs *Reine-Margot*
Jambon glacé *Reine-Pédauque*
Gâteau *Reine-de-Saba*
Consommé *Réjane*
Baron de mouton *Renaissance*

Baba *au rhum*
Bécasse *à la Riche*
Baron d'agneau *Richelieu*
Canapé *Riga*
Turbot *Riviera*
Turbot *Rivière*
Noisettes d'agneau *Rivoli*
Pêches meringuées *au riz*
Paupiettes de bœuf *au riz pilaf*
Pommes *en robe de chambre*
Pommes *en robe des champs*
Côte de porc *à la sauce Robert*
Filets de sole *La-Rochelle*
Crème *Rohan*
Beignets végétariens *à la romaine*
Fraises *Romanov*
Crêpes *au roquefort*
Poulet *Rose-Marie*
Poularde *Rosière*
Coquilles de volaille *Rossini*
Œufs *Rothomago*
Soufflé *Rothschild*
Côtelettes d'agneau *à la rouennaise*
Homard *Rougemont*
Lièvre farci *à la royale*
Consommé *Rubens*
Harengs fumés *à la russe*

Œufs brouillés *Sagan*
Petits pois *Saint-Cloud*
Omelette *Saint-Flour*
Escalopes de ris de veau *Saint-Germain*
Crème *Saint-Honoré*
Cromesquis *Saint-Hubert*
Turbot *à la Saint-Malo*
Cailles en cocotte *Saint-Mars*
Suprêmes de volaille *Saint-Saëns*
Faisan *Sainte-Alliance*
Ailerons de dindonneau *Sainte-Menehould*
Gras-double de bœuf *en salade*
Pigeonneau *en salmis*

Œufs brouillés a*u salpicon de homard*
Œufs brouillés *au salpicon de langouste*
Œufs *Sans-Gêne*
Potage *santé*
Sole *Sarah-Bernhardt*
Épaule de mouton *à la sarde*
Pommes *à la sarladaise*
Selles d'agneau *à la sarrasine*
Poularde au riz, *sauce suprême*
Pieds de mouton *à la sauce poulette*
Côtelettes de veau *en sauce tomate*
Poulet *Savary*
Fèves fraîches *à la sarriette*
Gâteau de *Savoie*
Gratin de pommes *à la savoyarde*
Pouding *saxon*
Escalope de veau *Serge*
Truffes *à la serviette*
Bouchées *Sévigné*
Ravioli *à la sibérienne*
Macaroni *à la sicilienne*
Coupe *Singapour*
Carré de porc *à la soissonnaise*
Potage *Solférino*
Poulet farci *à la mode de Sorges*
Fonds d'artichauts farcis *Soubise*
Marrons *en soufflé*
Truffes *sous la cendre*
Cailles *sous les cendres*
Foie gras *Souvarov*
Poularde *Stanley*
Filet de bœuf froid *à la strasbourgeoise*
Carrelet *Suchet*
Épinards *au sucre*
Filets d'anchois *à la suédoise*
Omelette *à la suissesse*
Poularde *Sully*
Velouté de volaille *sultane*
Pommes *surprise*
Melon rafraîchi *en surprise*

Crêpes *Suzette*
Filets de sole *Sylvette*

Fondants de foie gras *à la Taillevent*
Côtelettes d'agneau *Talleyrand*
Consommé *Talma*
Pouding *au tapioca*
Coquilles Saint-Jacques frites *à la tartare*
Cabillaud frit à l'anglaise, *sauce tartare*
Lièvre *en terrine*
Homard *Thermidor*
Tête de veau *Tertillière*
Filets de sole *en torsade*
Ragoût *à la tortue*
Ailerons de dindonneau *en tortue*
Bombe *Tosca*
Poularde *à la toscane*
Filets de barbue *à la toulonnaise*
Aubergines au gratin *à la toulousaine*
Truite de rivière en matelote *à la tourangelle*
Colin frit *en tranches*
Bananes *Tredern*
Consommé *Trianon*
Homard *Trouville*
Filets de sole *à la trouvillaise*
Poularde *aux truffes*
Rognons de mouton *Turbigo*
Côtelettes d'agneau *à la turque*
Noisettes de mouton *à la tyrolienne*
Fruits rafraîchis *tzarine*

Côtelettes de chevreuil *d'Uzès*

Homard *Valençay*
Noisettes d'agneau *Valenciennes*
Croquettes de macaroni *à la valentinoise*
Bombe *Valérien*
Potage *Valéry*
Entrecôte grillée *à la sauce Valois*
Rissoles de truffes *Valromey*

Pommes *à la vapeur*
Paupiettes d'agneau *Vatel*
Poulet *Vauban*
Truite de rivière *à la vauclusienne*
Gourilos *au velouté*
Chouée *vendéenne*
Barbue à *la vénitienne*
Œufs *Verdier*
Cerneaux *au verjus*
Consommé *au vermicelle*
Filets de barbue *Véron*
Bombe *Véronique*
Paupiettes de saumon *au vert*
Choux *au vert-pré*
Carottes *Vichy*
Consommé *Victor-Emmanuel II*
Purée *Victor-Hugo*
Coquilles de saumon *Victoria*
Carré d'agneau frit *à la viennoise*
Perdreau *à la vigneronne*
Côtelettes de mouton *à la villageoise*
Filets de sole *Villaret*
Artichauts farcis *Villars*
Poulet sauté *Villeneuve*
Attereaux de homard *à la sauce Villeroi*
Escalopes de ris de veau *Villeroi*
Poireaux *à la vinaigrette*
Cerises *au vinaigre*
Anguille marinée *au vin blanc*
Oie *à la mode de Visé*
Pommes *Voisin*
Consommé *Voltaire*
Galantine d'anguille *en volute*
Côte de porc à *la vosgienne*

Filets de sole *Walewska*
Œufs mollets *Washington*
Allumettes *Wladimir*

Potage *Xavier*
Gratin de scampi *au xérès*

Pommes *à la yorkaise*
Pommes *Yvette*

Croûtes *à la zingara*

ANNEXE V

PETITE LISTE
DES PÂTES ALIMENTAIRES
ET LEUR ORTHOGRAPHE ITALIENNE

PETITE LISTE DES PÂTES ALIMENTAIRES
ET LEUR ORTHOGRAPHE ITALIENNE

Les pâtes longues

Pluriel	Genre	Singulier
bucatini	masculin	bucatino
capelli d'angelo	masculin	capello
fettuccine	féminin	fettuccina
fusilli	masculin	fusillo
lasagne	féminin	lasagna
linguine	féminin	linguina
malfattini	masculin	malfattino
paglia e fieno (la pasta)	féminin	invariable
pappardelle	féminin	pappardella
spaghetti	masculin	spaghetto
spaghettini	masculin	spaghettino
tagliatelle	féminin	tagliatella
tagliolini	masculin	tagliolino
trenette	féminin	trenetta
ziti	masculin	zito

Les pâtes courtes

Pluriel	Genre	Singulier
boccolotti	masculin	boccolotto
cannelloni	masculin	cannellone
cavatappi	masculin	cavatappo
denti d'elefante	masculin	dente d'elefante
chifferi	masculin	chiffero
elicoidali	masculin	elicoidale
garganelli	masculin	garganello
gigantoni	masculin	gigantone
millerighe (la pasta)	féminin	invariable
rigatoni	masculin	rigatone
penne	féminin	penna
pennette	féminin	pennetta

Les formes spéciales

Pluriel	Genre	Singulier
casareccia (la pasta)	féminin	invariable
conchiglie	féminin	conchiglia
farfalle	féminin	farfalla
gemelli	masculin	invariable
gnocchi	masculin	gnocco
lumache	féminin	lumaca
orecchiette	féminin	orecchietta
radiatori	masculin	radiatore
riccioli	masculin	ricciolo
strozzapreti	masculin	strozzaprete

Les pâtes farcies

Pluriel	Genre	Singulier
agnolotti	masculin	agnolotto
cannelloni	masculin	cannellone
cappelletti	masculin	cappelletto
manicotti	masculin	manicotto
mezzelune	féminin	mezzaluna
ravioli	masculin	raviolo
tortelli	masculin	tortello
tortellini	masculin	tortellino
tortelloni	masculin	tortellone

Les pâtes pour les soupes

Pluriel	Genre	Singulier
acini di pepe	masculin	acino di pepe
conchigliette	féminin	conchiglietta
farfalline	féminin	farfallina
lumachine	féminin	lumachinea
orzi	masculin	orzo
quadrucci	masculin	quadruccio

BIBLIOGRAPHIE

ANDRIEU, Pierre. *Le menu imprimé et son histoire*, S.L., s.m. 1959.

ANDRIEU, Pierre. *Histoire du restaurant en France*, France, Les Éditions de la journée vinicole, 1955.

ANDRIEU, Pierre. *L'art de la table*, Paris, Albin Michel, 1961.

ARON, Jean-Pierre. *Le mangeur du XIXe siècle*, Paris, R. Lafont, 1973.

ATKINSON, David. *Menu French*, Oxford, Pergamon Press, 1980.

ATKINSON, David. *Hotel and Catering French : A new approach for advanced students and practitioners*, Oxford, New-York, Pergamon Press, 1980.

ATKINSON, David. *What's on the menu ? A guide to the French Menu*, Standlake, Oxon, D. Atkinson, 1984.

ATKINSON, David. *Le Viandier de « Taillevent »*, Transposition en français moderne, annotée avec introduction, appendices, glossaire et index de l'exemplaire de l'édition de la Bodleian Library d'Oxford, D. Atkinson, 1998.

BICKEL, W. *Hering's Dictionary of Classical and Modern Cookery*, Giessen, Fachverlag Dr Pfannenberg et Cie, 1976.

BLOND, Georges et Germaine. *Festins de tous les temps. Histoire pittoresque de notre alimentation*, Paris, A. Fayard, 1976.

BRÉCOURT–VILLARS, Claudine. *Mots de table, mots de bouche*, Paris, Ed. Stock, 1996.

CASTELOT, André. *L'histoire à table, « Si la cuisine m'était contée... »*, Paris, Plon, Librairie académique Perrin, 1972.

CLARKE, Harold C. *Menu Terminology*, Oxford, Pergamon Press, 1982.

DUCH, Karl. *Handlexikon der Kochkunst*. 9. Auflage. Linz/Donau, Rudolf Trauner Verlag, 1961.

DUGAS, Jean-Yves. *Répertoire des gentilés (noms des habitants) du Québec*, Québec, Éditeur officiel, 1987, Supplément 1995.

DURUSSEL, Vladimir. *Étude, Rédaction et Planification des menus*, Lausanne, École hôtelière de la Société suisse des hôteliers, 1985.

ESCOFFIER, Auguste. *Le livre des menus*, Paris, Flammarion, 1912.

FAVRE, Joseph. *Dictionnaire universel de cuisine pratique : encyclopédie illustrée d'hygiène alimentaire*, Marseille, Laffitte Reprints, 1978 – Réimpression de l'édition de Paris, vers 1905, en 4 volumes.

FLANDRIN, Jean-Louis, Massimo MONTANARI *et al. Histoire de l'alimentation*, Paris, Arthème Fayard, 1996.

GILLET, Philippe. *Le goût et les mots – Soyons français à table*, Paris, Payot, 1987.

GREWE, Quentin. *The Simon and Schuster International Pocket Food Guide*, New York, Simon and Schuster, 1980.

GRIMOD DE LA REYNIÈRE. *Écrits gastronomiques*, Paris, Union générale d'Édition, Coll. 10/18, 1978.

GRINGOIRE, Th., L. SAULNIER. *Le répertoire de la cuisine*, Paris, Dupont et Malgat Quériny, successeur, 1979.

GUÉGAN, Bertrand. *Le cuisinier français ou Les meilleures recettes d'autrefois et d'aujourd'hui*, Paris, Belfond, 1980.

HISTORIA, Hors série n° 47. *La savoureuse histoire de la France gourmande – A table... les Français*, Paris, Hachette, 1975.

JOUETTE, André. *Dictionnaire d'Orthographe et Expression écrite*, Paris, Le Robert, 1993.

KLOTZ, Jean-Louis. *Les plus beaux menus : les meilleures recettes – Paris, Côte d'Azur*, St-Jacques de Grasse, Ed. De Klotz, s.d.

McCANN, J.R. *Montréal Cuisine*, Vol. XI, n° 2, Montréal, Ed. Montréal Cuisine, 1992.

MONTAGNÉ, Prosper. *Nouveau Larousse gastronomique*, Paris, Larousse, 1996.

MORDACQ, Philippe. *Le menu – Une histoire illustrée de 1751 à nos jours*, Paris, R. Lafont, 1989.

MUSÉE NATIONAL DES ARTS ET TRADITIONS POPULAIRES. *Les Français et la table*, Paris, Ed. de la Réunion des Musées nationaux, 1985.

NEIGER, Elisabeth. *Gastronomisches Wörterbuch*, Munich, Carl Gerber Verlag, édition de 1982.

PAULI, Eugène. *Le traducteur des menus*, Aarau, 11ᵉ édition, 1995.

PARIENTÉ, Henriette, Geneviève DE TERNANT. *La fabuleuse histoire de la cuisine française*, Paris, Ed. D.D.I.L., 1981.

PEYRUN-BERRON, Alain. *Composition des cartes et menus*, Ottawa, Média Algonquin, 1989.

RÁMAT, Aurel. *Le Ramat de la typographie*, Saint-Lambert (Québec), Ed. A. Ramat, 1997.

REVEL, François. *Un festin en paroles*, Paris, Jean-Jacques Pauvert et Silène, Ed. Super, 1985.

ROWLEY, Anthony. *À table ! La fête gastronomique*, Paris, Découvertes Gallimard, 1994.

ROWLEY, Anthony. *Les Français à table – Atlas géographique de la gastronomie française*, Paris, Hachette Pratique, 1997.

VILLA, Thérèse. *Guide de rédaction des menus*, Montréal, Office de la langue française, Éditeur officiel du Québec, 1984.

SOURCES

Couverture : *Terrasse de café, la nuit*, Vincent Van Gogh, Musée Kröller-Müller (Corel Corporation) ; p. V, Corel Corporation ; p. Vll, Musée d'Orsay (Corel Corporation) ; p. 1, Photothèque des Musées de la Ville de Paris ; p. 6 et 13, Jean-Loup Charmet ; p. 25, Collection bibliothèque publique universitaire de Genève ; p. 43, Lauros-Giraudon ; p. 44, Roger-Viollet ; p. 45 et 46, Collection Moët et Chandon ; p. 49, Anne-Marie Charest, illustratrice.

Québec, Canada
2000